contemporanea | duecentottantasette

I lettori che desiderano informarsi sui libri e sull'insieme delle attività della Società editrice il Mulino possono consultare il sito Internet: **www.mulino.it**

Ferruccio de Bortoli   Salvatore Rossi

La ragione e il buonsenso

Conversazione patriottica sull'Italia

il Mulino

Questo libro contiene mie riflessioni personali che non impegnano Tim. Nel libro bianco di Assolombarda, «Italia 2030», in uscita a gennaio-febbraio 2020, il mio contributo riprende alcune di quelle riflessioni (Salvatore Rossi).

ISBN 978-88-15-28586-7

Redazione e produzione: Edimill srl – www.edimill.it

Indice

Introduzione

Questo libro nasce, come spesso succede alle cose umane, per eterogenesi dei fini: si pensava di farne un altro con uno solo di noi, poi invece è venuta l'idea di un libro a quattro mani, che meditasse sull'Italia e sul suo futuro, alla luce sia del passato sia delle difficoltà del presente. Un libro scritto da due persone di diversissima estrazione professionale accomunate dal desiderio di non fermarsi alla superficie dei problemi, di avere una visione storica sufficientemente lunga da non limitarsi alla facile indignazione per i tanti guasti del presente ma da vedere il bene accanto al male, il positivo accanto al negativo. Con obiettività, senza pregiudizi politici o ideologici: naturalmente nei limiti del possibile, perché gli esseri umani non sono freddi algoritmi, hanno passioni e fedi. Tuttavia anche le fedi, le credenze, possono essere cieche o invece fecondate dal dubbio della ragione; e noi due pensiamo di essere «due credenti nella ragione».

Scrivere a quattro mani non è facile, ci sono riusciti in pochi: ad esempio, nel passato recente del nostro paese, i grandi Fruttero e Lucentini, a cui certo non pensavamo di confrontarci.

Allora è nata l'idea del dialogo. Anzi, sulle prime doveva essere un dialogo vero e proprio, una conversazione *vis-à-vis* davanti a un registratore acceso. Poi però le nostre prime idee sono corse via mail, e dopo gli scambi iniziali il ritmo si è spontaneamente fatto più intenso e incalzante e i testi delle nostre lettere si sono allungati. Il formato epistolare ci ha coinvolto e appassionato, permettendoci di conservare la vivezza del dialogo e la riflessività della scrittura; tutto sommato lo abbiamo trovato il più adatto al registro della nostra conversazione. Dunque il «Caro Ferruccio» e il «Caro Salvatore» che il lettore troverà in successione sono autentici, non finzione letteraria.

D'accordo con la casa editrice, e in particolare con la nostra editor Alessia Graziano, che ci ha assistiti passo passo con garbo e competenza, si è proseguito così. Abbiamo anche avuto un paio di incontri dal vivo che sono stati registrati, ma il grosso del libro è fatto delle email che ci siamo scambiati.

Il volume tuttavia si apre con due capitoli un po' fuori dell'ordinario per un saggio, sia pure *sui generis* come il nostro. Si tratta di due racconti di fantasia, animati da personaggi altrettanto di fantasia, non reali. Perché lo abbiamo fatto? Innanzitutto per il gusto di cimentarci in un genere di scrittura diverso da quello a cui siamo abituati. Ma soprattutto lo abbiamo fatto perché convinti che non vi sia niente di più adatto di una storia esemplare, se inventata ancor meglio, per illustrare a lettrici e lettori un problema o un dilemma.

Ferruccio de Bortoli racconta di Giovanni e Amalia, due cari amici che si scambiano opinioni su vari temi. Sono molto diversi, per temperamento e scelte di vita, come emerge dall'ondivaga conversazione a cui danno vita: è la diversità fra chi ha meno cultura (che è innanzitutto conoscenza del passato) ma ha lo sguardo rivolto al futuro, e chi invece ha molta più cultura, conosce quindi bene il passato, ma capisce poco il presente e teme il futuro. Una rappresentazione del dilemma in cui tutti i nostri concittadini sono avvinti.

Salvatore Rossi racconta invece di Sebastiano e della nipotina Elisa. Il tema del racconto è più circoscritto e riguarda l'istruzione, in particolare quella elementare. Viene messo a confronto il primo giorno di scuola di ciascuno, avvenuto a oltre sessant'anni di distanza l'uno dall'altro.

Sono due Italie molto lontane, che si riflettono in due sistemi d'istruzione anch'essi lontani: quale dei due sarà migliore? Sebastiano è incline alla nostalgia, come spesso sono gli anziani, ma poi gli sorge un dubbio...

In seguito, nella forma di brevi capitoli, gli autori si scambiano a turno considerazioni su temi che vanno dall'ipotesi di decadenza/declino dell'economia italiana (con un *detour* sulle imprese comprate e vendute attraverso le frontiere) al rapporto con l'Europa, madre o matrigna; dal concetto di austerità nelle pubbliche finanze agli antichi difetti italiani nel diritto, nell'istruzione, nella concorrenza, nella finanza; dallo sviluppo sostenibile agli elementi di forza che l'economia italiana comunque conserva; dalle convulsioni del nostro sistema politico al circolo vizioso dell'informazione.

È molto difficile tracciare un filo che leghi temi così disparati, ma ci abbiamo provato nelle conclusioni, sempre nella forma di uno scambio di opinioni.

Speriamo di avere fatto un'operazione utile a suscitare non certezze e invettive ma dubbi e analisi, da parte di chi, leggendoci, voglia cercare di capire. Conoscere e capire, per quanto possibile, sono il presupposto di qualunque azione efficace per cambiare cose complesse.

FdB e SR

Due racconti

Giovanni e Amalia

Giovanni e Amalia si conoscevano dai tempi dell'università. Entrambi avevano frequentato la facoltà di Giurisprudenza dell'Università degli Studi di Milano. Stessi esami. Tutti orali. All'epoca era così. Si cominciava a scrivere (male) solo una volta trovato un lavoro. Magari nello studio di un noto professionista. Sottopagati. E si doveva perfino ringraziare per il privilegio concesso! Lui aveva poi proseguito gli studi, con una specializzazione in economia, coltivando la sua passione per la tecnologia. Un vero *addicted*, Giovanni. Con l'ansia di essere sempre aggiornato. Amalia si era fermata. La professione legale non le si addiceva. Il concorso per entrare in magistratura era troppo complesso. Il matrimonio con Carlo, un dirigente bancario – e l'arrivo soprattutto di due figli –, l'avevano presto costretta a occuparsi solo della famiglia. Un grande sacrificio, a tratti insopportabile. Specie nei pensieri notturni. O nei dormiveglia mattutini. Quei momenti in cui le vite si riavvolgono mostrando i loro lati peggiori. Ecco, in quegli istanti di tormento Amalia si convinceva di aver buttato al vento troppe opportunità. Sarebbe bastata solo un po' di grinta in più. Troppo tardi. «Ma l'Italia è un paese nel quale la parità di genere è solo sulla carta e spesso le donne sono costrette a scegliere tra il lavoro e la famiglia» confidava a Giovanni. Il rapporto d'amicizia era rimasto stretto nonostante il trascorrere degli anni, il matrimonio di lei, i figli. Non si era mai tramutato in altro. Per le resistenze di Amalia soprattutto. Lui aveva avuto altri sogni, altri progetti. Ovviamente tutti con lei. E li aveva coltivati pervicacemente, specie nelle vacanze in tenda e sacco a pelo nell'allora Jugoslavia e nelle isole greche. «Quante occasioni sprecate!». Non si era sposato, Giovanni. Qualche avventura semmai. Anzi, numerose. Niente, non c'era stato niente da fare. Amalia, cattolica praticante, aveva in mente solo la famiglia. Oltre alle sue amate letture. Era una lettrice accanita. Si portava in vacanza intere biblioteche. Era una lettrice «forte», come la definirebbero le asfittiche statistiche. Ovvero più di dodici titoli letti ogni anno. Giovanni invece no. Era un lettore pigro e distratto. Incline semmai al genere poliziesco, d'avventura. Di tanto in tanto si leggeva un *Tex*. Lei gli aveva consigliato di immergersi nell'Henry Roth di *Chiamalo sonno* e nel Vasilij Grossman di *Vita e destino*. Li aveva comprati, ma aveva letto solo l'inizio. Senza mai confessarglielo. Grande invece era il suo attivismo sui social media. Insuperabile. Instancabile. Come un millennial, anzi come un adolescente, pischello della generazione Z, alla quale appartenevano ormai i due figli della sua grande amica, Edoardo e Caterina, i quali peraltro lo trattavano alla stregua di un simpatico zio che si ostinava a vestire e parlare come un adolescente. Giovanni doveva essere sempre sulla frontiera dell'innovazione. Era dirigente di una multinazionale delle telecomunicazioni. Con l'ossessione dell'inutilità precoce e dell'obsolescenza della sua mansione amministrativa. Si rendeva conto, eccome, di tifare per la propria disoccupazione futura. Ma viveva con serenità questa contraddizione intellettuale. E soprattutto pensava di andare in pensione prima di pagarne il conto.

Amalia non era né su Twitter né su Facebook. E da grande lettrice non era nemmeno amante degli e-book o di Kindle. Percepiva la stranezza di questa condizione, persino l'emarginazione. Ma riteneva che non avrebbe più recuperato. Anche se avesse voluto. Si sentiva, come tanti suoi coetanei intorno ai cinquant'anni, sopravvissuta al suo secolo, il Novecento. Sbagliava, ovviamente, ma a suo modo interpretava il sentimento generale. Lo stato d'animo di un paese anziano che esorcizza il futuro facendo finta che non esista. O che sia molto remoto. Lontano nel tempo. Il marito Carlo aveva un atteggiamento del tutto diverso. «Ma lui lavora, io avrei voluto avere una professione, è andata così, purtroppo, non ci posso fare nulla», si giustificava Amalia. Giovanni insisteva molto nel raffigurarle le meraviglie di una società digitale nella quale il potere del cittadino sarebbe cresciuto sempre più. Grazie all'abbattimento dei costi di intermediazione che riduceva i prezzi. Grazie alla connessione iperveloce che rappresentava un indiscutibile fattore di libertà. E le consentiva di sapere sempre dove fossero i suoi figli. «Sì, certo, ma ai nostri tempi ti sarebbe piaciuto?». «E perché no?». «Ti saresti sentito più libero se tua mamma, un cerbero insopportabile, avesse potuto seguire in diretta tutte le tue, chiamiamole così, performance?». «No, sinceramente no, l'avrei considerata una gabbia inaccettabile. Già non sopportavo di chiamarla ogni settimana dalla Grecia con quella tonnellata di gettoni che ci toccava recuperare». «Ma tu sei su Instagram se non sbaglio!». «Sì, meraviglioso, dà sapore alle vacanze ed è come se ognuno di noi facesse anche quelle dei suoi amici. Condividiamo tutti i momenti belli, che c'è di male?».

Amalia sorrideva alle deliziose contraddizioni del suo grande amico, che l'aveva fatta divertire, con tutte le sue mattane, in tanti momenti passati insieme. Non da soli, però, come lui avrebbe voluto. Avevano condiviso scherzi, bugie, sotterfugi, disobbedienze di ogni tipo. Ma purtroppo non quella trasgressione che Giovanni avrebbe desiderato, nella difficile gestione dei propri impulsi sessuali, al di sopra di ogni cosa. Eppure i momenti d'intimità non erano mancati. «Mi togli una curiosità?», chiese Amalia. «Certamente», rispose Giovanni sperando in una domanda personale. «Che ne sarà delle vite dei nostri ragazzi quando, fra qualche anno, saranno rincorsi da tutto ciò che avranno, anche irresponsabilmente, postato sui social media?». «Sono convinto che la tecnologia troverà – fu la risposta di Giovanni ritornato nel ruolo serio dell'amico fidato – il modo di realizzare una sorta di oblio. Del resto è quello che succede già con le Storie di Instagram, che si cancellano dopo poco tempo. Chi si ricorda più delle centinaia di migliaia di homepage realizzate dai primi siti negli anni Novanta? Esistono gli archivi dei giornali dell'epoca ma non una raccolta di quelle, chiamiamole così, prime pagine digitali». «Sei sicuro Giovanni? Io credo invece che molte delle cose che i nostri giovani – e anche tu da quanto mi racconti – postano con estrema leggerezza sui social media equivalgano a dei tatuaggi digitali. Restano per sempre. O magari sbiadiscono, si scolorano come quelli sulla pelle che invecchiando avvizzisce e confina gli ex giovani tatuati all'immagine decadente del reduce. Perfino su Mick Jagger fanno inorridire. In una società di eterni ragazzi poi, nella quale nessuno accetta di invecchiare. Curioso no?». «Sì, curioso, ma questa è la modernità che, sotto sotto, non accetti e il tuo modo di pensare si traduce in uno scetticismo antiscientifico. Se mi posso permettere...». Amalia sorrise: «Puoi permetterti tutto, anzi quasi tutto». «Non provocarmi per favore, non siamo più dei ragazzini». «Continua, allora». «Dicevo che il tuo atteggiamento è abbastanza diffuso, purtroppo. È uno dei gravi problemi del paese. Un paese invecchiato, ripiegato su sé stesso, che anziché prepararsi alle sfide del mondo digitale ne esorcizza le innovazioni. Esalta i lati negativi che ogni progresso inevitabilmente porta con sé. Non comprende l'importanza di una formazione continua. Si rifugia nella sua cultura classica, quando c'è. Si aggrappa alla prestigiosa tradizione giuridica, nella quale però la procedura conta più del risultato. Il nostro ritardo digitale è drammatico e non ce ne rendiamo conto». «Allora ti faccio un'altra domanda, Giovanni: che ne sarà, fra qualche decennio, di tutto questo chiacchiericcio sterile dei social media? Come si comporteranno gli storici? Dovranno lavorare su una montagna di tweet o post anziché su documenti e lettere come in altre epoche. Meglio? Peggio? Non so, certamente una grande confusione. Pensa solo a quante guerre sarebbero scoppiate se in altri secoli avessero avuto strumenti simili? Forse la crisi dei missili di Cuba, con i tredici giorni di snervanti trattative riservate fra Stati Uniti e Unione Sovietica, sarebbe sfociata in un conflitto nucleare se i leader avessero avuto la stessa frequenza e spregiudicatezza con la quale Trump scrive i suoi tweet». Giovanni assaporava la soddisfazione di aver portato l'amica a confrontarsi su temi d'attualità più vicini ai suoi interessi. Negli ultimi anni aveva avuto la sensazione che le sue letture l'avessero sospinta in una dimensione diversa. Distante dalla realtà. Sospesa in una sorta di Olimpo letterario dall'alto del quale guardava il mondo. Compatendolo. Un distacco elitario. «Vedi, io sono convinto che gli storici del futuro non daranno tanto risalto alle battute dei leader odierni sui social media. Se tutte le conversazioni private dei protagonisti delle varie epoche fossero state registrate, la Storia sarebbe stata molto diversa. Nell'era digitale l'importanza sociale della verità è quasi venuta meno». «E ti pare poco?», rispose con una certa indignazione Amalia. «Mi stai dicendo che la menzogna è tollerata purché sia avvolta nella sincerità. E che la Rete, pur smascherando le falsità, avvalora ciò che è verosimile. Sui social media impazzano le teorie complottiste, si semplifica la realtà al punto da far credere a chiunque che possa essere, navigando un po', esperto di qualsiasi cosa. E, nello stesso tempo, disprezza impunemente esperienza e competenza. Le caratteristiche di un *establishment* che detesta. Odia. Ma che ne sarà allora della nostra democrazia rappresentativa se tutti si sentiranno in grado di dire la loro su tutto, votando ad ogni istante?».

Giovanni venne preso alla sprovvista. Com'era accaduto spesso in età giovanile. Lui esuberante, forse troppo. Lei riflessiva e timida ma capace di graffiare, argomentando. Lo metteva alle corde. Quando lo respingeva, nelle sue antiche ripetute avance, il suo stato d'animo era lo stesso. Si sentiva umiliato e un filo offeso. Ciò si traduceva in una risposta dal tono piccato, con posizioni più defilate. Quasi fossero lame taglienti. «Ormai non vota più nessuno, mia cara. Un esercizio sterile. Vuoto. Non trovo nulla di preoccupante nel fatto che si sperimentino formule di democrazia diretta. È un modo di responsabilizzare il pubblico nelle scelte collettive». «No, ti sbagli, è l'esatto contrario, si incoraggia una sorta di onnipotenza digitale e nell'ignoranza dei temi si seguono le mode, si dilatano i luoghi comuni, si individua con maggiore facilità un responsabile, spesso un capro espiatorio. Si pensa che ogni problema, anche il più complesso, abbia una risposta semplice, immediata». «Non esagerare Amalia, il mondo digitale non seppellirà la democrazia. Avvicinerà le istituzioni ai cittadini. Ed è quello che avviene con i social media quando sono usati in modo corretto per spiegare, coinvolgere, dialogare direttamente con i cittadini. Ammiriamo tutti la democrazia diretta svizzera che chiama al voto i cittadini quasi ogni mese». «La Svizzera è un'altra cosa», rispose quasi irritata Amalia, che peraltro aveva una casa di famiglia a Celerina, enclave milanese in Engadina. «Ti immagini che cosa sarebbe successo in Italia, con lazzi e frizzi e amenità varie, se avessimo avuto un referendum sulle corna dei bovini?». «Mi sarei divertito molto immaginando che qualcuno le avesse mai avute». «Sii serio, per favore».

La conversazione proseguiva vivace. Su temi generali, certo. Ma con continui sottintesi, riferimenti di luoghi e persone che appartenevano solo al loro vissuto comune. Un'intimità dopotutto c'era. Quella dei ricordi. Ed era forse più importante di quella dei corpi. Anche se Giovanni si rammaricava di aver perso la forma giovanile, con qualche chilo di troppo. Quella forma che Amalia invece conservava. Impeccabile. Un fascino persino accentuato da qualche capello grigio lasciato crescere senza dare l'idea di curarsene. «Caro Giovanni sai che ti dico? Io penso che molti dei problemi del paese siano risolvibili rileggendo la storia del diritto medievale». «Non mi dire, uno degli esami più pallosi che abbiamo sostenuto. Sì, d'accordo, i longobardi. E lo dico anche dopo non essermi perso una puntata di *Games of Thrones*. E ovviamente tu hai preso trenta e lode». «Sì, tu un po' meno, anzi molto meno, se non ricordo male». «Dispettosa». «Un giurista olandese che in Italia chiamiamo Grozio coniò il brocardo *pacta sunt servanda*. Bene, i nostri problemi sono tutti lì, nel mancato rispetto dei patti, li sottoscriviamo e poi ci dimentichiamo di averlo fatto. Nella patria del diritto, il contratto è flessibile, malleabile, come fosse una materia plastica. Piegabile ad ogni evenienza. Nulla è definitivo, tutto è rivedibile. Non c'è certezza del diritto perché si è persa l'etica privata e pubblica di rispettare le obbligazioni liberamente sottoscritte. Soprattutto da parte dello Stato che rappresenta tutti noi». «Esageri come sempre da buona cattolica lombarda, anzi da calvinista inconsapevole. Se ti riferisci agli impegni sottoscritti dall'Italia nell'Unione europea, ebbene io penso che molti siano viziati da errori, da scarsa conoscenza e dal nostro modesto peso negoziale. In qualche caso penso che siamo stati semplicemente raggirati. E i contratti dunque – per proseguire la metafora giuridica – sarebbero nulli o da annullare. E poi, se posso permettermi, Grozio confidava troppo nella naturale socievolezza dell'uomo. Aveva fiducia nel sovrano. Io credo invece nel diritto di resistenza di cui parla Locke. Oggi forse stiamo tornando indietro. Il contratto sociale è tutto da riscrivere». «Sarà anche così, però non mi affiderei alla piattaforma Rousseau, che ti piace tanto, per un'eventuale riscrittura». «Ma il mondo digitale, credimi, costituisce un formidabile ammortizzatore dei contrasti. Senza social oggi avremmo manifestazioni di piazza, violenze e terrorismo proprio come negli anni in cui frequentavamo l'università. Ti ricordi quando uccisero il giudice Guido Galli e noi avevamo appena finito di ascoltare la sua lezione». «Aula 207, come potrei dimenticare. Lo vedemmo a terra con il libro di testo, sul quale abbiamo studiato, che gli era sfuggito dalle mani ed era aperto davanti al suo corpo senza vita».

Entrambi sembrarono chiudersi nei loro pensieri, poi Giovanni riprese. «Amalia, va bene Grozio, un nome adatto a un grande *cartoonist*, ma se dovessi consigliarmi un libro quale titolo sceglieresti?». Lei assaporò, con un breve silenzio e occhi compiaciuti, la rinnovata conferma del suo vantaggio culturale. Ma, nello stesso tempo, anche la prova di un'inestricabile contraddizione. Possedeva, più di Giovanni, gli strumenti per comprendere l'attualità. Ma non la conoscenza e l'uso dei mezzi di comunicazione più evoluti. Abituali per Giovanni. Non per lei. Anche in questa condizione personale c'era una piccola metafora della classe dirigente del paese. Colta ma con lo sguardo rivolto al passato. Troppo scettica per accettare le sfide del futuro pur comprendendone gli sviluppi. Amalia ne era perfettamente consapevole. Fece un sospiro e rispose alla domanda dell'amico, convinta da subito che lui non avrebbe seguito il suo consiglio. Lo conosceva bene.

«Ho letto recentemente un libro di un autore poco conosciuto, Adelbert von Chamisso, *L'uomo senza om-*

bra. La storia straordinaria di Peter Schlemihl». «Non l'ho mai sentito, un tedesco?». «Un poeta e botanico francese naturalizzato tedesco vissuto a cavallo tra Settecento e Ottocento». «Francese e naturalizzato tedesco: spero non abbia qualche riferimento all'attualità visto quello che sta accadendo al nostro paese. Sono i nostri nemici». «Non esageriamo, la sua famiglia fuggì dalla Francia rivoluzionaria. Non è un eroe per Macron, dunque». «Racconta, allora». «Peter Schlemihl è un ragazzo povero che dalla campagna va in città a cercare fortuna. Incontra uno strano personaggio che si offre di regalargli una borsa magica dalla quale potrà estrarre tutte le monete d'oro che desidera». «Insomma, un po' la metafora della sovranità monetaria». «Vedo che mi segui con attenzione. Ma gli chiede in cambio la sua ombra. Peter si domanda a che cosa mai possa servire a un altro uomo. E gliela cede senza esitazioni». «Ma chi è quello strano personaggio?». «È il diavolo, Giovanni, il diavolo. Peter assapora l'effimera ricchezza di avere tutto l'oro che desidera ma che non riuscirà a utilizzare perché nessuno si fiderà più di un uomo senza ombra. Lo eviteranno tutti. Anche la persona che ama finirà per lasciarlo. Solo e disperato rimpiangerà la sua ombra. Schiacciato dall'ombra più grande del discredito e del sospetto». «Ti giuro che leggerò il romanzo di Chamisso, ma un gran nesso con l'attualità non ce lo vedo tanto, dopotutto». «L'ombra per me è il debito pubblico. Abbiamo fatto finta per tanti anni di non averlo. È dietro le nostre spalle ma noi non lo vediamo più. Ci illudiamo che si possa cancellare, d'un tratto, magari tornando a stampare tutta la moneta di cui avremmo bisogno, le monete d'oro di Peter Schlemihl». «Ma da quando sei così esperta di economia?». «Da quando mi occupo di bilanci familiari, visto che mio marito pur lavorando in banca non se ne cura. Ti sei mai chiesto perché le famiglie sono meno indebitate dello Stato? Una ragione ci sarà». Giovanni fece una strana smorfia e diede quasi l'impressione di ritrarsi. «Perché sei diventato improvvisamente triste?». «Perché penso di essere stato per tutta la tua vita la tua ombra». «Sì, ma io non ti avrei mai ceduto per tutto l'oro del mondo». «Ti posso baciare?». «E mi chiedi ancora il permesso?».

Sebastiano ed Elisa

Odore di caffè, di salmastro, di cipolla soffritta. Nonostante l'ora mattiniera in qualche casa vicina già si preparava il sugo per il pranzo. Per Sebastiano quel giorno si annunciava come memorabile: il suo primo giorno di scuola. Sebastiano non era mai stato in un'aula scolastica, perché i suoi genitori non l'avevano mandato all'asilo. A quel tempo – metà degli anni Cinquanta, anno più anno meno – gli asili erano pochi e venivano considerati una specie di diavoleria moderna, per lo meno in quell'angolo di Sud. I suoi ci avevano pensato fuggevolmente per poi scartare subito l'idea. Come avrebbero potuto tollerare che la loro creatura in tenera età, figlio unico fino a quel momento, venisse abbandonata in mani e dentro mura estranee per molte ore? Quindi attesero che venisse il momento della scuola elementare, rimuginando in cuor loro che Sebastiano era comunque ancora troppo piccolo per separarsi dalla sua mamma per un'intera mezza giornata. Ma bisognava rassegnarsi, era la scuola dell'obbligo!

Sebastiano fu svegliato alle sette e percepì subito quel misto di odori familiari che gli arrivavano dalla finestra aperta nell'altra stanza. Era il 1° di ottobre, ma l'estate resisteva. Sapeva solo confusamente a che cosa stava andando incontro, sebbene i genitori glielo avessero spiegato più e più volte, ma sempre con un'aria di apprensione dipinta sul volto, quindi lui non si aspettava niente di buono. A dispetto di ciò, aveva dormito nove ore filate, grazie ai suoi 6 anni.

Venne ingozzato di pane e latte con un goccio di caffè, come sempre. Gli lavarono le mani e la faccia, e basta; ci si lavava poco e di rado a quei tempi. Fu vestito e da ultimo gli sistemarono addosso grembiule nero, colletto rigido bianco e fiocco blu. Tutti nuovi di zecca; suo padre li aveva comprati giorni prima con grande compunzione. Lui non capì bene queste manovre ma si affidò mansueto alle loro cure. Sua madre gli aveva preparato il cestino con la merenda di metà mattina, un pezzo di focaccia farcita con la mozzarella a fette.

Uscirono di casa, lui e suo padre, un quarto d'ora prima della campanella d'inizio; la scuola era a due isolati da casa, ci volevano solo cinque minuti di cammino. Suo padre gli teneva serrata la mano e strada facendo gli fece le ultime raccomandazioni pratiche, centrate intorno alla questione urinaria, per lui di somma importanza in un bambino così piccolo. Sebastiano avrebbe dovuto trascorrere cinque ore in quella scuola, e che diamine!

Arrivati davanti all'austera facciata della scuola, un grigio palazzo dei primi del secolo, videro un esercito di bambini vocianti. Tutti maschi. Le bambine entravano da un ingresso posteriore e sarebbero finite in classi rigorosamente femminili. La segregazione sessuale era assoluta. Molti erano accompagnati da un genitore, generalmente il padre. La parola esercito non è casuale. La scuola di quegli anni funzionava un po' come una caserma. A cominciare dall'ingresso. I bidelli, nelle loro lise uniformi, si sbracciavano a incolonnare in fila per due i bambini man mano che varcavano la soglia del portone, avviandoli su per le scale in plotoncini ordinati. Sebastiano era frastornato e preoccupato ma, da bravo figlio unico dignitoso e introverso, ricacciò le lacrime che sentiva affiorare per lo strappo dal babbo, come usava chiamarlo con incongruo toscanismo. Si voltò un attimo al richiamo di questi, che gli urlò l'ennesimo precetto urinario, facendolo avvampare di vergogna. Si avviò col cuore in gola verso l'ignoto.

Giunti in classe, i cinquanta scolari – tanti erano, all'incirca – furono sistemati nei vecchi banchi di legno secondo gli imperscrutabili criteri del bidello. A Sebastiano toccò sedersi in quarta fila vicino al muro esterno, fra due finestroni. Come compagno di banco si ritrovò un bambino molto pettinato e ordinato, rosso di capelli. Nessuno dei due osò rivolgere la parola all'altro, neanche per dirsi i nomi; più tardi Sebastiano avrebbe appreso che si chiamava Leonardo; cinque anni dopo sarebbero stati protagonisti di un piccolo scandalo che avrebbe molto turbato i loro genitori, ma questa è un'altra storia. Il banco era scrostato e aveva un calamaio disseccato con un portapennini vuoto. Le penne biro stavano soppiantando ogni altro mezzo di scrittura a mano. Sebastiano ce l'aveva la sua, insieme con matite varie, tutte riposte in un astuccio rosso. Anche questo comprato qualche giorno prima da suo padre.

E apparve la maestra. Esortati dal bidello tutti i bambini si alzarono in piedi, come poi sempre avrebbero fatto al suo ingresso in classe all'inizio della giornata.

In quella fase della storia dell'istruzione in Italia era frequente che nei primi due anni di scuola elementare – il primo ciclo, secondo le norme – la classe fosse gestita da una maestra, quasi una prosecuzione di cura materna. Nel triennio successivo l'insegnante, per lo meno nelle classi maschili, era spesso un uomo, come si addice – probabilmente qualcuno pensava in remoti uffici ministeriali – a degli ometti. D'altro canto se si rilegge il testo della legge Ermini, dal nome del ministro dell'Istruzione dell'epoca, che nel 1955 innovò radicalmente la scuola elementare rispetto all'approccio gentiliano sopravvissuto dopo la guerra, il solco grandissimo fra sessi emerge in tutta la sua raccapricciante (con gli occhi di oggi) evidenza: «Le bambine siano lasciate ai loro giochi preferiti (cura della bambola, sua pulizia, vestizione, acconciatura ecc.) e vengano addestrate alle più semplici e più facili attività della casa». E poi ancora: «Il lavoro femminile sia tenuto nella più alta considerazione come uno degli elementi di formazione spirituale della donna e per la sua grande influenza morale e materiale nella vita domestica. Le fanciulle saranno pertanto esercitate in graduali lavori più facili e più comuni di maglia, di cucito, di rattoppo, di rammendo e di ricamo, con particolare riguardo alle esigenze più sentite ed alle tradizioni dell'ambiente locale. Siano inoltre educate ai più facili lavori di pulizia, di abbellimento e di buon governo della casa. Sarà curata anche la pratica dell'igiene e, possibilmente, delle più elementari abilità nel cucinare». La legge Ermini non conteneva soltanto queste perle di passatismo. Alcuni passaggi sono straordinariamente moderni, lì dove ad esempio si intendeva sostituire la filosofia cognitivista, quindi astrattamente nozionistica, che pervadeva la scuola primaria, con una che guardasse alla personalità complessiva dell'alunno, alle sue caratteristiche psicologiche per quanto solo abbozzate, alle sue fantasie, ai suoi sentimenti. Fin troppo moderna, si direbbe.

Ma queste riflessioni Sebastiano non poteva ancora farle, aveva solo 6 anni e per lui era tutto minacciosamente nuovo e oscuro.

Seguendo rigorosamente i programmi ministeriali la maestra Capone cominciò, dopo alcune raccomandazioni iniziali di cui Sebastiano, emozionato com'era, non trattenne nulla, a far tracciare agli scolari, sulla prima pagina dell'intonso quaderno a quadretti che ciascuno si era portato da casa, delle aste verticali, della lunghezza di un quadretto. Quasi tutti i bambini prendevano in mano una penna per la prima volta nella loro vita, non sapendo come fare. La maestra aveva spiegato a parole l'impugnatura, ma poi scese dalla cattedra e si chinò su ciascun bambino guidando le piccole mani con la sua, amorevolmente, si sarebbe detto. Sebastiano aveva una nonna e una zia entrambe maestre elementari; trascorreva da loro quasi tutti i pomeriggi, e anche se non gli avevano insegnato a scrivere – «deve imparare insieme a tutti gli altri compagni, se no cresce superbo!», dicevano spesso – sapeva almeno maneggiare la penna per fare dei disegni. La maestra notò questa sua relativa perizia e lo guardò storto. Sebastiano se ne accorse e ne soffrì, non capendo il perché.

Seguirono giorni e settimane e mesi di aste, verticali, oblique, orizzontali, cerchietti, triangolini, fiorellini, quindi le prime lettere minuscole, poi maiuscole. Dopo due mesi, l'insegnante passando fra i banchi si fermò accanto a Sebastiano, incuriosita. Sul quaderno spiccava una parola, ottenuta accostando le lettere assegnate come esercitazione.

Lei non aveva chiesto fino a quel momento di comporre parole. Era stata un'iniziativa di Sebastiano. La parola era: parola. Proprio così, parola. La Capone fu presa da un impulso, afferrò il quaderno e vergò di suo pugno: Dieci, AC. Sebastiano quella notte, per la prima volta da che era nato, stentò ad addormentarsi, per la gioia, trascinante, suprema. Una felicità così assoluta forse non la provò più nella sua non breve vita.

Arrivarono le festività invernali. A quelle latitudini i regali ai bambini li portava la Befana, non Babbo Natale. Il 7 gennaio si tornò a scuola. Il direttore, entità suprema e invisibile, aveva istruito tutti gli insegnanti perché dividessero ciascuna classe in due gruppi, secondo le loro informazioni: i figli dei ricchi e i figli dei poveri, per dirla papale papale. Ai primi dovevano chiedere di portare il giorno dopo un giocattolo per uno, da regalare ai secondi. I due gruppi dovevano essere di uguale numerosità, quindi alcuni bambini finirono di qua o di là un po' a casaccio. Sebastiano non era certo figlio di ricchi, suo padre era un impiegato statale che sbarcava a stento il lunario, ma era laureato, c'era un bel dott. prima del suo cognome, quindi doveva essere di sicuro più benestante del padre di Sabino che faceva il muratore a cottimo. Sabino era un bimbo piagnucoloso sempre col moccio al naso e sempre senza colletto e senza fiocco; forse suo padre aveva pensato di risparmiare non comprandoli. Quindi Sebastiano fu arruolato fra i ricchi e il giorno dopo portò un vecchio orsacchiotto con cui non giocava più. La maestra fece schierare gli scolari ricchi di fronte a quelli poveri. Chiamava un ricco e gli chiedeva: «Tu che cosa hai portato?». «Un orsacchiotto, signora maestra». «Bene, lo regalerai a Sabino, a cui la Befana non ha portato niente». Chiedeva ai due di fare un passo avanti e al bimbo ricco di allungare il regalo al bimbo povero. Una scena burocratica e triste. Sebastiano imparò che la società è divisa in classi, che la volontà di Dio le fissa in modo immutabile, che perfino la Befana lo sa e si adegua.

Trascorsero così i cinque anni della scuola elementare di Sebastiano. Ogni santo giorno trascorse in quell'aula, sempre la stessa, le sue cinque ore di studio, aspettando la campanella finale che lo avrebbe riconsegnato ai genitori, per il meritato pranzo. Suo padre tornava a casa dal lavoro verso le due e un quarto del pomeriggio, si pranzava alle due e mezza.

Nel frattempo lui crebbe, si trasformò, ma in realtà l'Italia tutta stava rapidamente cambiando in quegli anni di boom economico. Era stato fino ad allora un paese in larghissima prevalenza agricolo, con una società chiusa e arretrata: si vide l'industria crescere a dismisura, la società aprirsi timidamente alle gioie, e anche ai dolori, del consumo di massa. Pure nella famiglia di Sebastiano fecero il loro ingresso un televisore, un frigorifero, un'automobile utilitaria. A scuola, nonostante il pesante retaggio di una cultura sociale primonovecentesca, Sebastiano imparò molto. Non solo a scrivere e a far di conto, il cui insegnamento era la missione esclusiva della scuola primaria pre-

Ermini. Imparò anche il principio di autorità, quello gerarchico, imparò che lo studio è fatica, ma che conoscere è essenziale per avanzare socialmente. Quella era, nel bene e nel male, la scuola elementare degli anni Cinquanta.

Nonno Sebastiano stringeva la mano della nipotina Elisa con trepidazione mista a paura. La stava portando al suo primo giorno di scuola elementare. Elisa era già sveglia da tempo: come ogni altra mattina le era stata concessa, appena aperti gli occhi e poi durante la colazione, un'abbondante dose di cartoni animati in Tv. L'impegno scolastico sarebbe venuto quindi per secondo, sia in ordine di tempo sia, forse, per l'attenzione dedicata. La mamma di Elisa quel giorno proprio non poteva accompagnare la figlia, il papà non ne parliamo, era all'estero per lavoro; sperava solo che nonno Sebastiano fosse all'altezza della situazione, certe volte era un po' sciatto nel vestire, la suocera non gli stava dietro abbastanza.

La scuola era a breve distanza dalla casa di Elisa, ci si poteva andare tranquillamente a piedi. Elisa quella strada la conosceva bene: dopo il nido (era quasi neonata, talmente piccola da non serbarne alcun ricordo) era stata alla scuola materna, che si trovava nello stesso edificio. Lungo il percorso aveva imparato solo gradualmente a ritrovare i diversi particolari che le piacevano: una strana macchia sul muro di una casa, il marciapiede a un certo punto sconnesso che le dava l'impressione di valicare una montagna incantata, la vetrina carica di strane meraviglie (in realtà bigiotteria) davanti a cui passava prima di svoltare l'angolo della strada, strattonata dalla mano che di volta in volta la teneva. Tuttavia nonno Sebastiano era nervoso, sentiva il peso della responsabilità che suo figlio e sua nuora gli avevano addossato quella mattina.

Sebastiano non aveva fratelli o sorelle, aveva avuto un solo figlio ed Elisa era per il momento la sua sola nipote. La luce dei suoi occhi, come si suol dire. L'aveva accompagnata altre volte lungo quel tragitto, ma per lui il primo giorno della scuola vera, quella elementare, era stato una svolta fondamentale nella sua vita, quindi il fatto che i genitori di Elisa avessero dato a lui l'incombenza di accompagnarla era motivo di grande ansia. Elisa non provava quello stesso sentimento, ammesso che potesse pensare a un concetto adulto come «la propria vita». Le avevano spiegato che la ripresa della scuola dopo la pausa estiva era speciale, che la scuola cambiava nome e natura, ma per lei quello che contava era ritrovare i suoi compagni, o almeno alcuni, in particolare i suoi due migliori amici, con cui aveva intrecciato giochi e chiacchiere anche durante l'estate, perché li aveva visti al mare. Sapeva che li avrebbe ritrovati e questo bastava a renderla serena, quella mattina.

Davanti all'ingresso della scuola, una palazzina degli anni Settanta con una specie di tettoia sopra il portone, c'era un'insolita gazzarra. Un sacco di bambine e bambini si accalcavano ridendo, saltellando, alcuni molto contenti di rivedersi. Quelli più piccoli, della prima, erano accompagnati: chi da un genitore, mamme per lo più, chi da una nonna o da un nonno. Alcuni si erano portati da casa i propri giocattoli, secondo l'usanza appresa andando alla scuola materna. C'era un'aria festosa. Arrivati sul marciapiede della scuola Elisa si divincolò dalla mano del nonno e corse incontro ai suoi piccoli amici. L'apprensione di Sebastiano aumentò, si mise a seguire attentamente con gli occhi i movimenti di Elisa, per non perderla di vista neanche per un secondo.

A un certo punto qualcuno fece cenno che le prime classi potevano entrare, accompagnatori compresi. Ci si affrettò disordinatamente verso le aule, che erano tutte a piano terra. Le maestre e i maestri, due per classe, indicavano a ognuno l'aula giusta. I bambini della classe di Elisa fecero irruzione nella loro aula e furono sistemati nei banchi dalle maestre, non senza qualche confusione. A Elisa toccò un posto che apparve di suo gradimento e non conteso da altri, se non da una bimba magrolina che le rivolse un'occhiataccia. Si guardò intorno incuriosita, era un ambiente nuovo, la scuola materna era ospitata in un'altra ala dell'edificio, dunque quell'aula non l'aveva mai vista, neanche da fuori.

Una volta sistemati, i bimbi buttarono i loro zainetti qua e là. Così fece Elisa. Nel suo c'erano varie penne, di quelle cancellabili, qualche bloc-notes già usato e un paio di merendine che Elisa da tempo richiedeva, avendone apprezzato molto la pubblicità in televisione.

Le mamme e gli altri accompagnatori si trattennero un po', giusto per dare il senso di una festa di iniziazione, ma molti erano pressati da impegni esterni quindi rapidamente sciamarono via. I bimbi rimasero con la maestra del mattino. Poi sarebbero andati a mensa, quindi sarebbero tornati in classe per il turno pomeridiano, con insegnanti diversi. Avrebbero trascorso fra quelle mura otto ore.

Alla scuola materna avevano imparato non solo a maneggiare penne e pennarelli, ma anche a scrivere, o almeno a scarabocchiare. La qualità della loro scrittura dipendeva anche da quanta assistenza avevano ricevuto a casa; ma, si sa, i genitori sono presi da mille incombenze. Elisa sapeva scrivere già abbastanza bene, nonno Sebastiano gliel'aveva pazientemente insegnato. Una volta iniziata la scuola, imparare a scrivere più rapidamente degli altri sarebbe diventato un fattore competitivo tra le famiglie di appartenenza, come il possesso del cellulare. Non tutte le competizioni sono futili.

I maestri e le maestre, dopo il primo giorno, avrebbero avuto il loro bel daffare a fronteggiare i genitori degli alunni loro assegnati, in particolare le mamme. L'attenzione delle mamme per il rapporto insegnante-bambino sarebbe ben presto divenuta parossistica, sempre partendo dall'assunto che l'insegnante ecceda in severità col proprio piccolo, ignorando o mortificando la sua personalità, in erba ma già formata. La mamma di Elisa avrebbe partecipato a una chat su WhatsApp riservata a tutti i genitori della classe. Vi si discuteva di cose pratiche e utili, ma il tema preferito era la capacità delle maestre di far stare tranquilli i bambini nelle lunghe ore di scuola, di distrarli, di farli divertire. Queste discussioni in chat venivano ammantate di nobilissimi argomenti pedagogici, ma quel che nessuna mamma avrebbe osato confessare neanche a sé stessa era che se i bambini si fossero sfogati e divertiti abbastanza a scuola, a casa non avrebbero rotto troppo le scatole, cosa buona e giusta per dei genitori affranti da una dura giornata di lavoro.

Sebastiano se ne tornò lentamente a casa, non distante da dove abitavano suo figlio, Elisa e la nuora. C'era qualcosa che gli ronzava nella testa da quando si era alzato dal letto, quella mattina assai presto. Il ricordo vago del suo primo giorno di scuola. Non ci pensava da molto, moltissimo tempo. Non ne aveva un ricordo compiuto: come fosse un film, gli venivano in mente solo dei fotogrammi e delle impressioni. Queste ultime forse mediate dal tempo passato e dalle esperienze della vita. Rifletté che erano trascorsi quasi sessantacinque anni da quel giorno lontano. E che non aveva senso alcuno tentare dei confronti, degli accostamenti. Sia fra quello che aveva provato lui da bambino, di cui peraltro non ricordava quasi nulla, e quello che poteva aver provato Elisa, ormai divenuta in parte imperscrutabile per un anziano come lui; sia fra i due sistemi scolastici, lontani l'uno dall'altro quanto la società italiana uscita dalla guerra e quella odierna.

Tuttavia qualche considerazione si poteva tentare, pensò Sebastiano. Per esempio sulla divisione della società in classi e sul modo in cui la scuola rifletteva quella divisione. Uno dei ricordi meno corrosi dal tempo della sua vita di scolaro delle elementari era l'assurda cerimonia di consegna di giocattoli ai bimbi poveri della classe da parte di quelli più benestanti. Una cerimonia solenne, officiata dalla maestra in presenza di tutta la classe schierata, che serviva a santificare il gesto cristiano dell'elemosina, dando per scontato e socialmente giusto che vi fosse chi l'elemosina la faceva e chi la riceveva. Una cosa così rivoltante – si disse Sebastiano – sarebbe oggi rifiutata con disgusto da chiunque, indipendentemente dalle simpatie politiche. Ma la disuguaglianza nella distribuzione dei redditi e delle ricchezze non si era ridotta da allora. Anzi, forse si era accentuata. La scuola come ne teneva conto? Da un lato gli insegnanti erano indotti dai programmi ministeriali e dalla sensibilità sociale a favorire l'integrazione, a non sottolineare le differenze di censo. Dall'altra il bambino col cellulare ultimo modello esibiva un segno tangibile di ricchezza, vera o presunta, della sua famiglia con tutta la protervia della giovane età, accresciuta dalla malizia genitoriale. Lo scontro sociale era solo più ipocrita, non ridotto o cancellato.

E poi, si ritrovò a pensare, Sebastiano, la «mia» vecchia scuola elementare mi insegnò che lo studio era fatica e sacrificio, non fatuo divertimento, un sentiero impervio per attingere una conoscenza altrimenti irraggiungibile; una conoscenza a sua volta strumento di arricchimento morale e anche materiale. E la scuola di oggi che cosa insegna? A essere sfrontati, non a «sapere», mormorò fra sé e sé, indignato, Sebastiano. Tanto, per fare strada nella vita serve avere la famiglia giusta alle spalle, non doti personali affinate dallo studio. La scuola di oggi è solo un parcheggio che dura l'intera giornata, utile ai genitori per vivere la loro vita di lavoro senza troppe preoccupazioni, e così via mugugnando.

A quel punto Sebastiano venne fulminato da un pensiero molesto: che fosse tipico dei vecchi rimpiangere i loro tempi e deplorare quelli moderni. È sempre stato così, in ogni epoca della storia e a ogni latitudine. Eppure il mondo è andato avanti, la scienza e la tecnologia hanno fatto miracoli, il benessere è aumentato e si è diffuso. E allora? Dov'è la verità?

Sebastiano scacciò quel pensiero fastidioso e si mise a indovinare che cosa sua moglie stesse preparando per pranzo. Era un'insopportabile brontolona, sua moglie, ma cucinava un gran bene...

1. Breve storia dell'ipotetica decadenza italiana

Caro Ferruccio,

per iniziare il nostro scambio vorrei condividere con te qualche considerazione sul nostro paese con un minimo di profondità storica.

L'incapacità dell'Italia di far crescere a tassi sostenuti la sua economia, aumentando al tempo stesso occupazione, produttività del lavoro e benessere generale, data almeno un quarto di secolo. Le ragioni sono molteplici ma riassumibili in una: negli anni Novanta del secolo scorso nel mondo è cambiata la tecnologia dominante. Quella nuova – centrata nelle tecnologie digitali – offriva a chi sapeva approfittarne – imprese, paesi, aree – grandi guadagni di crescita e di produttività, oltre che aumentate possibilità di penetrazione in mercati lontani, resi accessibili proprio dalle tecnologie nuove. L'Italia non ne ha saputo approfittare.

La tecnologia precedente – centrata nel motore elettrico e durata oltre cent'anni – era neutra rispetto alla dimensione d'impresa. Quella nuova no: è tanto più sfruttabile in chiave di efficienza quanto più l'organizzazione produttiva che l'adotta è grande. L'Italia aveva ereditato dagli anni Settanta una struttura produttiva frammentata in modo anomalo, con una moltitudine di piccole imprese, poche medie e pochissime grandi. Soprattutto, la compagine delle imprese era divenuta statica: accadeva ormai assai di rado che qualcuna ascendesse alla classe dimensionale superiore; più di rado che in altri paesi avanzati, più di rado che in passato nella stessa economia italiana. Gli imprenditori nostrani avevano preso a mortificare il proprio istinto, che li avrebbe naturalmente spinti a crescere, preferendo meno visibilità e meno oneri. Quindi si acconciavano a navigare nei bassifondi del livello medio-piccolo, anche quando avevano la possibilità di estendersi, anche quando la dimensione della loro azienda era più piccola del possibile e del necessario rivelandosi poco adatta alle nuove tecnologie, quindi ai connessi potenziali guadagni di produttività e di accesso al mercato globale.

Insomma, le tecnologie che si sono affacciate nel mondo un quarto di secolo fa hanno spiazzato le piccole imprese, che erano il nerbo del modello italiano dagli anni Settanta.

Questa condizione si è perpetuata fino a oggi, pur con l'evoluzione di cui diremo. Chiediamoci: perché le imprese italiane, qualunque dimensione abbiano, sono sempre più piccole dei loro concorrenti esteri? Perché quelle che potrebbero crescere non lo fanno o lo fanno poco?

Per due ordini di motivi, endogeni ed esogeni.

I primi riguardano il comportamento e la psicologia degli imprenditori italiani a parità di ambiente esterno. I secondi hanno a che fare con l'ecosistema politico-normativo in cui le imprese sono collocate. I motivi esogeni sono i vincoli e i disincentivi posti dall'ambiente esterno: la società con le sue preferenze storiche e le sue norme di comportamento, l'ordinamento giuridico e il funzionamento della macchina giudiziaria, la cultura diffusa nel paese. Le imprese percepiscono un'ostilità di fondo nell'ambiente in cui vivono e questo ne determina in moltissimi casi la volontà di restare al coperto.

Da che il problema è emerso nel quarto di secolo trascorso c'è stata tuttavia, come si accennava, una parziale evoluzione, anche se il problema di fondo è lungi dall'essere stato risolto. Verso la metà del decennio passato sembrava che alcune imprese stessero finalmente varcando la soglia della modernità, imparando ad esempio a servirsi delle tecnologie digitali anche nella loro gestione interna, con l'adozione di sistemi di *enterprise resource planning*.

Nel mondo globalizzato si veniva affermando il fenomeno delle catene globali del valore, lunghe filiere dislocate in vari paesi e fatte di tante aziende autonome legate da un progetto produttivo gestito da un'azienda capofila, fornitrici ciascuna di un segmento del bene finale. Le imprese italiane, molte delle quali erano aduse al vecchio schema della subfornitura, stavano partecipando a queste filiere internazionali, in posizioni non necessariamente infime. Ma assai di rado, se non mai, da capofila, non foss'altro che per la loro dimensione, insufficiente a sostenere i costi e l'impegno necessari a tenere insieme il progetto. Per essere capofila di una lunga e complessa catena globale del valore bisogna essere una grande o grandissima multinazionale e le imprese italiane assai di rado lo sono, se mai ve n'è qualcuna.

La crisi finanziaria globale del 2007-2008, con la terribile inversione del ciclo economico che ne è seguita in tutto il mondo, e poi la più circoscritta ma forse ancora più maligna crisi europea dei «debiti sovrani» del 2009-2011 hanno cambiato corso ai fenomeni di parziale e tardivo risveglio del sistema produttivo italiano accennati sopra. Si è determinato un brusco e rapido processo selettivo fra le nostre imprese, che ha accelerato la navigazione di alcune verso le acque favorevoli dell'innovazione e della competitività internazionale, spingendo molte altre verso le acque procellose del continuo lottare per non affondare, o addirittura del naufragio, cioè dell'uscita dal mercato. In altri termini, «la crisi degli scorsi anni ha portato con sé un fenomeno relativamente nuovo: il sistema si è sempre più polarizzato. Si è aperto un "grande golfo" fra imprese vincenti e perdenti: in tutta l'economia, non solo nella manifattura. Le generalizzazioni del tipo "le imprese italiane" ormai non valgono più, dopo quasi un decennio di crisi» (A. Giunta e S. Rossi, *Che cosa sa fare l'Italia*, Roma-Bari, Laterza, 2017).

Questa polarizzazione, da un lato, ha consentito all'intera economia italiana di stare a galla, anzi di essere negli ultimi anni una delle economie a più alta vocazione esportativa del mondo avanzato. Dall'altro, è un segnale allarmante per il futuro, perché un paese intero non può dipendere da un pugno di imprese di successo: se vuole restare un paese avanzato deve avere uno standard produttivo alto ed esteso, che coinvolga la generalità delle sue imprese.

Sgomberiamo subito il terreno d'analisi da due importanti questioni, che vengono spesso additate come cause dell'insufficiente crescita dell'economia italiana: la domanda aggregata e la demografia. Vediamole in rapida sequenza.

La macroeconomia (nel senso della situazione congiunturale) e le politiche macroeconomiche (anticicliche) sono ovviamente importanti, ma in un contesto squisitamente strutturale, come quello che analizziamo, potrebbero interessarci solo se si fosse verificata una qualche rottura nelle tendenze di lungo periodo di cui occorra tener conto. Non sembra essere questo il caso. Quindi non ci occuperemo qui di questioni attinenti alla domanda aggregata, estera (esportazioni) e interna, se non per le scelte d'investimento delle imprese e del settore pubblico.

La demografia e il basso tasso di occupazione, soprattutto femminile, sono certo importanti determinanti della bassa crescita economica di cui l'Italia soffre da così tanto tempo. Il nostro paese ha da alcuni decenni tendenze preoccupanti nella demografia e nel mercato del lavoro, che ci pongono ai vertici planetari nella scomoda classifica del rapporto vecchi-giovani e di quello inoccupati-occupati. L'Italia, e ancor più il Giappone, hanno visto le loro rispettive società invecchiare terribilmente in poco meno di tre generazioni. Dove il problema italiano diviene unico è nel mercato del lavoro: il tasso di occupazione (cioè il rapporto fra le persone che hanno un impiego e il totale della popolazione in età da lavoro) nel 2018 era del 58%, contro il 66 in Francia, il 70 negli Stati Uniti, il 76 in Germania e il 77 in Giappone. Il miserando primato italiano è in gran parte dovuto al lavoro femminile: meno di una donna italiana su due lavora. E sono stati fatti progressi! Negli anni Sessanta lavorava una donna su quattro, un rapporto da paese arretrato.

Nonostante tutto il problema principale resta la dinamica della produttività del lavoro. Questa ha tre componenti, due legate all'accumulazione di capitale fisico nelle organizzazioni produttive e di conoscenze e abilità nei lavoratori, la terza legata alle tecnologie adottate e al modo in cui le imprese si organizzano per sfruttarle. Bisogna capire come fare, agendo sui motivi esogeni ed endogeni, che prima citavo, della renitenza delle imprese a crescere e a guadagnare produttività usando le nuove tecnologie.

2. Decadenza o declino?

Caro Salvatore,

l'economista sei tu. Io da giornalista vorrei proporti una lettura diversa sulle cause della decadenza o del declino italiano. Mi basta una storia industriale, una delle tante. Per fortuna ce ne sono molte altre di successo. Sono esempi straordinari: Luxottica, oggi Essilux, Brembo ecc. Ma quella che riguarda il nostro principale gruppo industriale trovo sia significativa, paradigmatica. Anche se la Fca – che ha sede legale e fiscale all'estero – oggi non è più italiana. E ancora di più dopo l'intesa con il gruppo francese Psa. Ed è spiacevole. Penso che in un altro paese – la Francia ma non solo – non sarebbe mai successo. Una storia esemplare quella della Fiat. Racchiude glorie e disfatte, ingegno e miopia. E dice molto di una sfida che abbiamo sostanzialmente perduto. Quella di costruire grandi gruppi internazionalizzati, globali. E soprattutto italiani. Senza i quali si può continuare a essere un grande mercato, ma non si può restare a lungo una potenza industriale. Senza i quali si può essere parti preziose di lunghe filiere produttive e catene del valore internazionali, ma l'intelligenza, la ricerca, il capitale finanziario e umano sono altrove. In altre mani. Le privatizzazioni dovevano servire a creare grandi gruppi, come lo erano, all'epoca dell'Iri, la Stet-Sip, l'Italstat, come sono rimasti, fortunatamente, l'Eni o l'Enel. Ma furono condizionate dalla fretta di vendere che aveva lo Stato indebitato (l'accordo Andreatta-Van Miert). E questo dovrebbe dire molto a un paese che continua a rimuovere il tema del debito. Parla poco della sua sostenibilità. Non discute affatto del suo effetto di spiazzamento rispetto agli investimenti necessari per la crescita e lo sviluppo. Il processo di privatizzazioni, al quale non si accompagnò un analogo movimento di liberalizzazioni (siamo culturalmente refrattari, la concorrenza non ci piace, la temiamo), fu poi segnato dalla bramosia dei privati di sostituire monopoli pubblici con monopoli privati, dall'ansia di rifugiarsi nelle concessioni, dunque in un rapporto obliquo con la politica. E di conquistare il controllo delle società caricandole di debiti.

Ma torniamo alla Fiat. Tanto per cominciare facciamo un viaggio in India. Chi va a Delhi o a Mumbai ha ancora oggi la possibilità di salire su un taxi 1100 Fiat. In Italia non ce ne sono più. Nemmeno ce le ricordiamo. Lì sono ancora tantissime, amatissime, usatissime. Sino alla fine del secolo scorso le Fiat 1100 sono state prodotte in India, sotto licenza, con il nome Padmini. Un marchio popolarissimo. In India, appena conquistata l'indipendenza, nonostante l'influsso culturale e i legami economici con il Regno Unito, le auto Made in Italy, pratiche e a buon mercato, piacquero tantissimo. Come ebbero successo gli scooter della Piaggio, come ottenne grandi risultati la Snam. C'è un libro dell'ex ambasciatore a New Delhi Antonio Armellini dal titolo *L'elefante ha messo le ali. L'India nel XXI secolo* (Egea-Bocconi) che è un catalogo delle occasioni italiane perdute in quella che è oggi l'economia del futuro. Basti pensare che in India si dice ancora «ventilatore Marelli», dal vecchio apparecchio della Ercole Marelli, un marchio storico che è uscito dal nostro lessico quotidiano. Ercole Marelli è stata assorbita dalla Abb, multinazionale svizzero-svedese che ha potuto a lungo vantarsi di avere due stazioni della metropolitana di Milano senza nemmeno essersi presa la briga di sponsorizzarle: Sesto Marelli appunto e Lodi Tibb, che vuol dire Tecnomasio Italiano Brown Boveri, oggi confluito in Bombardier. Curioso, no?

E la Magneti Marelli? Venduta recentemente dalla Fiat, oggi Fca, con grande beneficio degli azionisti premiati con un extradividendo non certo per realizzare nuovi investimenti. E la Magneti Marelli è leader mondiale delle batterie e dunque protagonista della transizione verso la mobilità elettrica, che vede il gruppo Fca molto indietro.

Insomma, la Fiat (che ricordiamo è acronimo di Fabbrica italiana automobili Torino) era in India come la Toyota oggi. E Armellini ci ricorda che è ancora sinonimo di qualità e affidabilità. Aveva conquistato il mercato del futuro. Nel 2006 venne siglata una *joint venture* con la Tata per distribuire altri modelli italiani. Durò fino al 2012. Salvo poi compromettere il proprio, di futuro. Per cause note. La letteratura in proposito è sterminata. La scarsità di capitali della famiglia Agnelli (che ne chiedeva in continuazione anziché metterne). La protezione benevola di Mediobanca che assicurò troppo a lungo il controllo delle aziende ad azionisti non sempre capaci né lungimiranti, disabituandoli alla concorrenza. Il ruolo dello Stato che finanziò generosamente gli stabilimenti, specie del Sud, con una classe politica troppo incline ad assecondare le scelte del principale gruppo industriale italiano. C'era l'Iri che aveva l'Alfa Romeo. L'acronimo di Alfa, lo ricordo, è Anonima lombarda fabbrica automobili. L'Iri la vendette nel 1986 alla Fiat, anziché alla Ford. Presidente dell'Iri all'epoca era Romano Prodi. Credo che sarebbe stato meglio cedere il Biscione a un produttore straniero perché forse ne avrebbe sviluppato maggiormente le potenzialità che rimangono elevate. Torino invece rilevò un suo concorrente rimanendo ancora di più legata al mercato nazionale. Allora il mercato italiano era protetto con le quote nei confronti della concorrenza giapponese. La più temuta. In realtà poi abbiamo avuto l'invasione delle auto Made in Germany (la Seat era partecipata dalla Fiat che la vendette, insieme all'Iri spagnola, alla Volkswagen).

Forse Torino avrebbe dovuto allearsi con qualche grande produttore prima di altri. Con la Ford per esempio (fu Romiti a opporsi a una *joint venture* paritetica). Con la General Motors si sa come andò. Gli americani pagarono per non comprarsi il gruppo automobilistico torinese. Marchionne fece il miracolo Chrysler, grazie anche a Obama. Giù il cappello. Ma oggi la Chrysler come marchio è quasi scomparsa. Anche l'Alfa Romeo sembra essere stata dimenticata dal nuovo *chief executive officer* Mike Manley.

Che cosa accadrà con la fusione annunciata con Peugeot-Citroën sempre che vada in porto entro il 2021? Quali saranno le scelte del vero capo azienda, ovvero l'amministratore delegato di Psa, Carlos Tavares, che dovrà gestire il quarto più grande produttore al mondo? I francesi comandano (sei posti in un consiglio di undici), il governo italiano è rimasto a guardare mentre quello di Parigi, che aveva detto no all'intesa tra Fca e Renault, esercita tutto il suo ruolo, anche di azionista. Exor, destinato a essere il primo azionista del nascente agglomerato, incassa. Speriamo che si ricordi di investire in Italia visto che la cassa integrazione continuiamo a pagarla noi. Un'intesa era necessaria, sotto il profilo industriale è assolutamente valida, ma è rivelatrice della debolezza del partner Fca. E getta una luce storica diversa sul periodo Marchionne, eccellente sotto il profilo della gestione finanziaria, discutibile sul piano degli investimenti e del rinnovo dei modelli. Indietro nello sviluppo dell'auto elettrica Fca negli Stati Uniti è stata costretta, per esempio, a comprare diritti d'inquinamento da Tesla per circa un miliardo di dollari per rientrare nei limiti sulle emissioni.

Ma ti propongo un altro piccolo viaggio, un altro luogo simbolo delle occasioni perdute dal più grande gruppo industriale italiano. Togliatti, o come l'abbiamo chiamata in Italia Togliattigrad. All'epoca, era il 1966, in Unione Sovietica. In piena guerra fredda, la Fiat di Valletta riuscì (anche questo un piccolo miracolo industriale, diplomatico, politico visto anche il ruolo dell'allora Partito comunista italiano) a costruire un impianto d'avanguardia. Un gioiello produttivo in quello che sarebbe stato, dopo il crollo del muro di Berlino e la fine del comunismo, uno dei più promettenti mercati per il Made in Italy. Tanto è vero che oggi ci lamentiamo per le sanzioni imposte a Mosca in seguito alla crisi ucraina e l'annessione della Crimea. A Togliattigrad cominciò la produzione della Fiat 124, la Zhiguli, che fu un grande successo, un auto simbolo. E per le strade russe non c'erano tutte le Mercedes e le Bmw di oggi.

Si arrivò a produrre anche 600 mila vetture l'anno. E sai a chi appartiene oggi lo stabilimento Vaz di Togliattigrad? Alla Renault Nissan (che vi ha investito circa 2 miliardi di euro per rinnovarlo) e da lì è sbarcata sul più promettente mercato del mondo, la Cina. Alla Fca rimane all'estero la presenza in Brasile. Curioso che anche la Tim, che quando era pubblica aveva società controllate o partecipate dalla Grecia all'Argentina, sia rimasta in Brasile. La Telecom era anche in India. La vendette Colaninno dopo la scalata dei cosiddetti «capitani coraggiosi». Aveva 500 mila abbonati, oggi sfiora i 10 milioni. Il catalogo delle occasioni perdute è lungo. Non sarà che ci siamo persi per strada un po' di spirito industriale? Quello che ci aveva spinto in India e in Russia. Quando si privatizzò la Telecom, il gruppo Agnelli si prese solo lo 0,5% del cosiddetto «nocciolino». Braccino corto, veduta limitata. E se noi giornalisti avessimo avuto un po' più di coraggio...

3. Meglio predatori

Caro Ferruccio,

le tue considerazioni, «da giornalista» come tu dici, sull'incapacità salvo eccezioni delle grandi aziende italiane di creare giganti multinazionali mi stimola qualche riflessione da economista sul tema delle acquisizioni di imprese da un paese a un altro. Ovvero, come dice la letteratura aziendalistica americana, dei *cross-border mergers and acquisitions*.

Il tema diviene di attualità tutte le volte che si ha notizia di un'impresa italiana, magari un marchio storico, comprata da una straniera. Per qualche giorno ci si chiede: l'Italia è in vendita? Anzi, in svendita? Poi la vicenda passa nel dimenticatoio mediatico e se ne riparla solo al comparire di una storia analoga. Ma i casi di imprese italiane che hanno comprato imprese estere come si conciliano con la narrazione pessimista di un'economia, la nostra, preda dello straniero? In definitiva, conviene di più essere preda o predatore? E da quale punto di vista?

Un caso che tu citi è quello di Luxottica che si fonde con Essilor, un'impresa italiana e una francese. Una produce e vende al pubblico montature, l'altra lenti. Nel 2018 hanno celebrato un matrimonio di convenienza ma, come a volte accade nei matrimoni, si sono messi a litigare subito, anche se ora hanno apparentemente smesso. A suo tempo intrecciarono la proprietà in modo che la nuova società risultante dalla fusione avesse il 31% in mano agli italiani e il 4 ai francesi; la gestione però è paritaria. Dunque non è chiaro chi abbia comprato chi, per cui è difficile incasellare l'operazione nello schema preda-predatore.

Negli ultimi anni abbiamo osservato molti passaggi di mano più chiari. Alla rinfusa e solo per fare degli esempi: fra le prede, l'azienda di abbigliamento Loro Piana comprata dalla francese Lvmh, il colosso finanziario Pioneer prima comprato da Unicredit dagli americani e poi venduto ai francesi di Crédit Agricole, Italcementi passata ai tedeschi di HeidelbergCement, i supermercati Sma-Simply venduti ai francesi di Auchan; fra i predatori, la Ferrero (l'azienda della Nutella) che ha comprato varie importanti imprese inglesi e americane, Fincantieri che cerca di acquisire i cantieri francesi di Saint-Nazaire della società franco-norvegese Stx (operazione ancora pendente), Atlantia dei Benetton che compra un pezzo importante della spagnola Abertis (autostrade, aeroporti e altro), Enel che si aggiudica la compagnia elettrica spagnola Endesa.

L'osservatore corre un duplice rischio nel valutare casi come questi. Da un lato, fare il tifo come se si giocasse una partita della nazionale, quindi disperarsi quando un'impresa italiana passa in mani straniere o, viceversa, gioire quando un'italiana compra una straniera. Dall'altro, soprattutto se è di sinistra, l'idea che un'impresa straniera accorra a salvare posti di lavoro italiani lo consola, mentre teme che un'impresa italiana che fa shopping all'estero distragga risorse e attenzione dallo sviluppo del nostro paese. Oppure, per metterla sempre in termini di derby Italia-Resto del mondo, nel primo caso è contento che l'economia italiana sia stata capace di attrarre un investimento estero, nel secondo caso lamenta che un imprenditore italiano scappi dal suo paese, evidentemente giudicandolo non più meritevole dei suoi investimenti. Tu stesso offri la seconda lettura nel caso Fca, peraltro rammaricandoti che l'Alfa Romeo a suo tempo fosse rimasta in mani italiane anziché essere ceduta ad esempio alla Ford.

Tutte queste reazioni, isolatamente, sono fallaci, anche se ciascuna contiene grani di verità. Proviamo a ragionare e a vedere perché. Ragionare è importante: soprattutto in materie ingarbugliate come questa, non possiamo fidarci delle reazioni «di pancia» se vogliamo costruirci un'opinione informata. Poi magari scopriremo che la pancia aveva, sia pure in parte, ragione, ma almeno sapremo perché.

Studi teorici ed empirici sul comportamento delle imprese multinazionali ce ne sono a bizzeffe, ma una conclusione univoca gli esperti finora non l'hanno raggiunta. Osserviamo subito come questi studi, nel corso dei decenni, abbiano guardato prevalentemente ai moventi e agli interessi delle singole aziende coinvolte, mentre noi siamo interessati agli effetti di una data operazione sulle due economie coinvolte, quella di partenza e quella di arrivo, nel loro insieme; in altri termini, sul benessere di tutti i loro cittadini. Su questo, gli studi si rarefanno.

Per molti anni ha dominato il paradigma liberale, secondo cui il libero scambio, non solo di merci e servizi ma anche di capitali, è sempre benefico per tutti. Quando la proprietà o il controllo di un'impresa passano in mani straniere, secondo questo paradigma il paese dell'impresa acquisita gode di vantaggi non solo in termini di posti di lavoro conservati, ma anche di tecnologia, di efficienza produttiva, di stimolo all'innovazione, di connessioni con le catene globali del valore in cui molte produzioni sono ormai frammentate. Il paese da cui origina l'investimento ci guadagna invece in termini di espansione dei mercati di sbocco, di acquisizione di abilità produttive, di conseguente rafforzamento della competitività internazionale.

In teoria. In pratica dipende. È essenziale dove starà la testa del gruppo multinazionale risultato della fusione, dove staranno le funzioni nobili di ricerca e sviluppo, di elaborazione di strategie commerciali. I «liberoscambisti» direbbero: staranno dove conviene economicamente che stiano, le imprese inseguono solo il profitto, non sono mai nazionaliste. Ma la realtà sotto i nostri occhi ci dice che non è proprio così. In molti casi chi gestisce un'azienda, a meno che le convenienze economiche non siano proprio evidentissime, tenderà quasi inconsapevolmente a favorire il proprio paese, non foss'altro che per una questione di lingua, di cultura, di fiducia.

L'Europa di oggi vive una fase storica di risorgente sensibilità per le identità nazionali. Perfino le istituzioni europee vi si adattano: è di qualche mese fa un regolamento della Commissione che ora consente ai governi nazionali ampi spazi protezionistici quando è in gioco il controllo di un'azienda nazionale strategica o sensibile dal punto di vista della sicurezza e dell'ordine pubblico. Il concetto è molto vasto.

Una conclusione, scontata per molti ma assai controversa per un economista, è: dal punto di vista di un paese e dei suoi cittadini, è meglio che le imprese nazionali siano predatrici all'estero piuttosto che prede.

Su come propiziare questa condizione sarebbe però necessario un dibattito pubblico che in questi mesi è apparso debole, se non inesistente. Sia il governo sia l'opposizione sono chiaramente disinteressati, al di là di qualche polemica politica contingente, a che si formi in Italia un'idea ragionata, un'opinione comune su un tema così decisivo. È anche così che si mancano occasioni di sviluppo.

4. Ursula e Fidelio

Caro Salvatore,

ultima venne Ursula. Il 18 agosto 2019, nel mezzo della crisi politica «più pazza del mondo», Romano Prodi se ne uscì sul «Messaggero» con una proposta di nuova maggioranza ispirata al voto italiano nell'Europarlamento che ha reso possibile l'elezione a presidente della Commissione europea di Ursula von der Leyen. Un'indicazione intelligente, di buonsenso.

Pur tuttavia io la ritengo sintomatica di un atteggiamento culturale, quasi un tic inconsapevole, assai diffuso nell'élite e nella classe dirigente europeista italiana. Riassumibile in questo adagio: l'Europa ci costringerà a fare, in economia come in politica, ciò che da soli non vorremmo né saremmo mai in grado di fare. L'espressione di un sovranismo europeo – del quale entrambi saremmo felici di constatare l'esistenza in una dimensione federale e solidale – che però sottende la constatazione dell'infantilismo, dell'immaturità, della fragilità antropologica di uno dei paesi fondatori, cioè l'Italia. Ti chiedo, con un'iniziale provocazione, se questo retropensiero degli europeisti italiani (e anche di noi stessi) non abbia inavvertitamente alimentato il sovranismo di casa nostra. E gonfiato le vele dell'avversione acritica alle scelte comunitarie, vissute come imposizioni antidemocratiche. Misure ritenute distanti contro le quali nemmeno un voto popolare ha dimostrato la sua efficacia. Tanto è vero che il nostro paese, che si è sempre distinto come il più europeista di tutti, è oggi in fondo alle classifiche dell'Eurobarometro. È significativo il crollo della partecipazione alle elezioni europee in Italia. Alle prime, nel 1979, l'affluenza fu superiore all'85%. Alle ultime, esattamente 30 punti percentuali in meno.

Ma lasciamo da parte i dati elettorali che riflettono tendenze anche di altra natura nelle democrazie liberali, come una certa disaffezione per il sistema rappresentativo, conseguenza delle suggestioni ingannevoli della Rete, del rapporto diretto dei leader con il popolo, con i follower. Torno sul punto della mia amara considerazione iniziale. Non pensi, caro Salvatore, che questo modo di ragionare dell'intelligenzia europeista, un po' esclusivo, da addetti ai lavori, abbia acceso inavvertitamente uno spirito popolare di rivalsa, una ripulsa identitaria, impropriamente patriottica? Chi si sentiva, magari senza alcuna ragione, penalizzato dalla globalizzazione, dalle regole del mercato unico e dell'euro, si è ribellato respingendo *in toto* l'opzione europea.

Gli esclusi o presunti tali – l'economia non è fatta solo di dati oggettivi ma purtroppo anche di umori e di soggettività spesso irrazionali – si sono sentiti trattati non solo come cittadini di serie B ma anche come provinciali incolti, ignari del valore della costruzione europea che solo un'élite privilegiata, internazionalizzata, esclusiva, poteva comprendere nella sua bellezza prospettica. Insomma, i contrari agli ideali europei si sono sentiti dei paria della democrazia e si sono ribellati, magari votando per dispetto, scegliendo anche coloro che dicevano il falso contro l'Unione europea (e la vicenda Brexit ne è un esempio lampante) pur di manifestare il proprio stato d'animo, dare fiato al rancore, rifilare una sberla risentita ai nemici.

Ora tu mi dirai, rispetto a quella proposta estiva di Prodi, che nessuno in Europa si sognerebbe di imporci alleanze politiche di qualsivoglia natura. Giusto. Ma il nostro grado di integrazione europea è visto da una parte dell'opinione pubblica – alla quale probabilmente anche noi giornalisti abbiamo mancato di spiegare opportunità e vantaggi – come una sorta di protettorato politico che, se necessario, spinge da Bruxelles, da Berlino o da Parigi, per cambiare governi non allineati.

Nell'elettorato italiano di centrodestra si è depositato negli anni il veleno della propaganda che venne fatta dopo la caduta di Silvio Berlusconi nell'autunno del 2011 e l'avvento del governo tecnico di Mario Monti. La retorica del golpe dell'*establishment* europeo, della dittatura dello *spread*. Niente di più falso, strumentale. Certo, la deriva dell'esecutivo del Cavaliere era vista con preoccupazione dalle varie cancellerie. Berlusconi non stava simpatico né alla Merkel né a Sarkozy, pur essendo un pilastro del Partito popolare europeo. Però non possiamo non constatare che il filo sottile, seppur arrugginito, del pregiudizio è rimasto nel tempo. E anche a sinistra è successo qualcosa di analogo. C'è chi (Matteo Renzi) ha tolto la bandiera europea da Palazzo Chigi. Quello stesso vessillo che Prodi avrebbe voluto sventolare da tutti i balconi, in occasione della festa di San Benedetto, protettore dell'Europa. Se ne videro pochi. Lo slogan «Europa sì ma non così» era sbagliato, ingannevole. Come se le scelte europee fossero state fino ad allora imposte e non condivise, non votate da governi ed europarlamentari italiani eletti.

E ancora più inaccettabile era quel ricorrente «Ce lo chiede l'Europa», come se la disciplina di bilancio fosse un capriccio, un'invenzione contabile, una camicia di forza dalla quale liberarsi stampando moneta *à gogo*. Così come l'idea malsana che la Bce non abbia una sua legittimazione democratica. Ha un mandato politico. La scelta del presidente e del Board è dei governi dell'Unione monetaria eletti democraticamente. Nel mandato c'è l'indipendenza, scolpita nei Trattati. Le autorità indipendenti separano scelte tecniche da convenienze politiche. Proteggono, o dovrebbero proteggere, la ragione contro l'istinto.

Il voto sulla von der Leyen ha diviso la maggioranza gialloverde e anche il centrodestra italiano, tanto è vero che Forza Italia si è schierata a favore come tutto il Partito popolare (ma ci ricordiamo le polemiche contro la Merkel, insulti compresi, dell'epoca?). Insomma, anche in quella circostanza si è pensato – ed è un antico difetto della politica italiana, anche della Prima Repubblica – che ciò che si fa in Europa possa essere distinto – e talvolta opposto – alle scelte che si compiono in Italia. La normalità. O meglio una schizofrenia storica che però avvalora i luoghi comuni contrari all'Europa. Distingue i due ambiti, li separa. Come se non ci fosse una continuità politica, economica, giuridica tra Italia e Unione.

Anche questo è carburante per il populismo nostrano. È invisibile ma c'è. Ovvero l'Unione europea è altro rispetto a noi. È una controparte. A questo aggiungi l'opportunismo endemico della classe politica. In Italia cerca voti addossando colpe all'Unione magari su materie nelle quali Bruxelles non è del tutto competente (immigrazione, fisco, ecc.), in Europa cambia atteggiamento come se potesse fare due parti nella stessa commedia vestendo abiti diversi. E votando anche diversamente, come è accaduto per Ursula.

A proposito, quest'abitudine per la quale le donne si possano chiamare solo per nome (come è avvenuto per Carola Rackete) dice molto su quanta strada si debba fare nel costume italiano per raggiungere una vera parità di genere. Fosse stato rieletto Juncker, non l'avremmo mai chiamata ipotetica maggioranza Jean-Claude. Sarebbe suonata male. Ma andiamo avanti. Anche la classe dirigente privata, l'imprenditoria, ha le sue colpe. Si riempie la bocca di concorrenza, mercati aperti, proclami europei. Poi in Italia corre a tentare di farsi proteggere in un rapporto a volte ambiguo con i propri referenti politici. Mi dirai, giustamente, che anche gli altri fanno così. Forse lo fanno con più classe. Io mi domando come sia conciliabile l'amore per la Lega di gran parte degli imprenditori, specie del Nord-Est, con le posizioni contrarie all'Unione europea, ai trattati commerciali e alla moneta unica. Senza le regole di questa vituperata Unione, molti di quegli imprenditori vedrebbero chiudersi i propri mercati di sbocco, visto che gran parte di loro vive di esportazioni.

Anche l'indubbia realtà del «vincolo esterno» è stata spesso trasformata in prese di posizione, articoli, saggi degli europeisti italiani, in una sorta di condanna senza appello, in una gabbia la cui chiave era in possesso di altri. Il richiamo ricorrente alla necessità di osservare le regole di una comunità economica e finanziaria allargata è apparso, agli occhi di larga parte dell'opinione pubblica, alla stregua di un artificio retorico. Argomento compreso da pochi eletti, rifiutato da molti. Questi ultimi, tanti, trattati dai primi con distacco intellettuale e sufficienza.

Nella Prima Repubblica il «vincolo esterno» è stato lo strumento attraverso il quale si è tentato – anche e soprattutto da parte della Banca d'Italia – di educare partiti e sindacati alla responsabilità fiscale, a combattere l'inflazione, la logica dei salari «variabile indipendente». Tutte battaglie sacrosante. Come il «divorzio» tra Tesoro e Banca d'Italia necessario per svincolare l'istituto dall'obbligo di sottoscrivere i titoli del debito pubblico. Ma nell'*establishment* europeista, nell'Italia che sta in Europa e parla le lingue, è rimasto il retropensiero della nostra atavica indisciplina, dell'incapacità di darci regole nostre. Dunque, meglio che siano gli altri a darcele. Il vincolo esterno in chiave correzionale. Una sorta di busto o protesi per correggere posture inadeguate. Una cintura di castità per tutti gli altri. Insopportabile. Non solo. Nel dibattito sulle scelte europee ho assistito, negli anni, a qualche conato, forse inavvertito, di «razzismo intellettuale».

Chi era contro la moneta unica, l'integrazione europea, veniva spinto ai margini del dibattito. Le sue opinioni venivano considerate culturalmente indegne. E nemmeno discusse. Non bisognava avere dubbi sul fatto, per esempio, che l'adesione alla moneta unica avrebbe aperto all'Italia «verdi vallate di progresso e benessere». Il pensiero unico e soprattutto l'arroganza intellettuale hanno così spinto le opzioni diverse (che sono legittime anche se sbagliate) al di fuori dell'«arco costituzionale europeo», delegittimandole moralmente. Un grave errore, secondo me, che ha finito per essere il terreno di coltura del populismo *ante litteram*.

Termino con il ricordo di un maestro indimenticabile e di un amico come Tommaso Padoa-Schioppa. Un giorno mi raccontò la sua gioia nel condividere con esponenti politici e tecnici di altri paesi la comune passione per l'arte e la musica nelle quali il sentimento europeo, senza confini, era dipinto nei colori delle opere e scandito da note universali. Come l'*Inno alla gioia* di Beethoven che è l'inno europeo.

L'Europa della cultura, della musica e dell'arte c'era già. Mancava quella politica. Suggestivo. Ma anche esclusivo, distante, elitario. Difficile spiegare che solo attraverso i sacrifici (la sofferenza come nel *Fidelio*) si arriva alla gioia, al benessere, all'uguaglianza. Soprattutto se la gioia è per pochi eletti. E non nel senso di votati.

5. Il dubbio

Caro Ferruccio,

la provocazione che mi lanci è in realtà un dubbio che mi tormenta da tempo.

Chiudi la tua email con un ricordo di Tommaso Padoa-Schioppa. Tommaso divenne noto al grande pubblico italiano facendo il ministro dell'Economia e delle Finanze nel secondo governo Prodi, ma era notissimo a una cerchia più ristretta di persone, ancorché comunque molto larga, come indefesso ed energetico europeista. Credo che l'europeismo ce l'avesse nel sangue, forse nelle tradizioni di famiglia, ma certamente gli si affinò ai tempi (dal 1979 al 1983) in cui ricoprì un'altissima posizione (direttore generale per l'economia e la finanza) presso la Commissione europea.

A me è capitato di lavorarci in Banca d'Italia quando tornò da quell'esperienza. Era un capo difficile. Gentile, sorridente, irreprensibile nei modi, ma esigente nella sostanza fino a sfidare costantemente i limiti dei suoi collaboratori. Ricordo una volta che mi chiese una certa nota entro tre ore. Una nota che normalmente avrebbe richiesto due giorni. Alla scadenza della terza ora andai da lui a dirgli che non ce la facevo, avevo bisogno di un'ora in più. Mi rivolse un lieve e ironico sorriso, mi guardò coi suoi occhi color del mare e mi disse freddamente: *ad impossibilia nemo tenetur*, facendomi al tempo stesso capire che mi stava congedando e che non voleva più quella nota da me. Mi stava implicitamente dicendo che era un compito difficile ma possibile, diventava impossibile solo per una capra come me. Dopo quell'episodio collaborai ancora tante volte con lui. Da Padoa-Schioppa e da Ciampi ho appreso il sentimento e gli ideali europeisti che sono ancora vivi in me, anche se vacillanti.

Ora tu dici (e scusa se interpreto liberamente le tue parole): un sinodo vescovile di europeisti italiani, molti di estrazione azionista e repubblicana, hanno per anni raccontato al «popolo», dall'alto dei loro pulpiti, che lo stare con l'Europa avrebbe corretto o compensato gli altrimenti incorreggibili vizi italici, l'ignavia, la veduta corta, la finanza allegra, il pressappochismo, l'inclinazione a rivoltare la gabbana a seconda delle circostanze. I predicatori avrebbero quindi aggiunto: l'Europa ci(vi) impone quel «vincolo esterno» senza cui noi(voi) non sapremmo come uscire dal nostro marasma permanente; sarà anche doloroso, ma non se ne può fare a meno. Dopo settant'anni di queste prediche il «popolo» si è alla fine stufato e ribellato, consegnando il suo appoggio a forze politiche che, brutalmente o confusamente, additano l'Europa come fonte di oppressione maligna e anti-italiana. TPS (come abbiamo imparato a ricordarlo) era eminente fra quei vescovi/predicatori, da qui il tuo citarlo.

C'è del vero in quello che dici, ahimè. Ma specularmente alla sopravvenuta insofferenza di molti italiani per il «vincolo esterno» europeo si è diffuso fra molti europei del Nord il sospetto che gli italiani vogliano ridiscutere quel vincolo, o addirittura rifuggirne, perché desiderosi di tornare a fare le cicale in piena libertà. La crisi cosiddetta «dei debiti sovrani», scoppiata in Europa nel 2010 per la scoperta improvvisa dell'imbroglio greco, ha dato fiato a questi sospetti nei confronti di tutti i paesi europei del Sud.

Allora il tema vero, che trascende di gran lunga ogni ragionamento in termini di vincoli e regole, è quello dell'identità. In una mia lezione universitaria recente notavo, con un pizzico di didascalica malizia, che se mi si chiedesse di denunciare la mia identità geografica, potrei alternativamente rispondere di essere europeo, italiano, meridionale, pugliese, barese. Dipenderà dal contesto. Se mi trovo in Giappone e devo illustrare a un giapponese i caratteri istituzionali dell'Unione europea, poiché un giapponese medio distingue a stento un italiano da un tedesco, tenderò a sentirmi e a dichiararmi europeo. Allo stesso modo, poiché un tedesco medio distingue a stento un italiano del Nord da uno del Sud, se mi trovo a Berlino e illustro a un tedesco la situazione politica italiana tenderò a sentirmi e a dichiararmi italiano, senza caratterizzazioni regionali. Proseguendo nell'esempio, poiché un milanese medio distingue a stento un barese da un leccese, se io mi trovo a Milano e spiego a un milanese che cosa sono le orecchiette mi sentirò pugliese, senza caratterizzazioni cittadine. Risponderò di essere barese soltanto a un mio corregionale.

Ne concludevo che l'identità geografica è relativa. Può diventare assoluta quando un particolare carattere identitario prevale largamente su tutti gli altri. Secondo molti, questo carattere è la lingua. Non ne sono sicuro. Se è vero che negli Stati Uniti d'America la comunanza dell'inglese ha molto favorito l'affermarsi di un'identità americana, nell'Italia di metà Ottocento l'italiano era per pochissimi, tutti gli altri parlavano dialetti che erano l'un per l'altro vere e proprie lingue straniere.

Avanzo una seconda ipotesi, che un fondamentale fattore d'identità in un territorio, soprattutto nel tempo moderno, sia l'economia. Infatti, l'idea economicista-funzionalista alla Monnet, secondo cui all'Europa politica si sarebbe arrivati gradualmente integrando e unificando per prime economia reale e finanza, ha in parte funzionato. Era d'altronde un'idea radicata nell'ideologia liberale.

In effetti oggi le economie europee sono molto integrate fra loro, come gli abbondanti scambi intraeuropei di beni e servizi dimostrano. C'è un regolatore europeo della concorrenza, funzione fondamentale in un'economia di mercato. Ma soprattutto c'è una valuta comune. La psicologia degli europei è stata influenzata da tutto questo, il senso di appartenenza a una stessa comunità è enormemente aumentato rispetto ai tempi sanguinosi culminati nella Seconda guerra mondiale.

Ma l'economia non basta, evidentemente. L'europeismo economicista, a lungo propugnato, in Italia, dai Ciampi, dai Prodi, dai Padoa-Schioppa, sta scivolando indietro nelle opinioni pubbliche e con esso il senso di un'identità europea. Oggi un tedesco si sente di gran lunga innanzitutto tedesco, un francese francese, un italiano italiano.

Ricordavi di TPS l'entusiasmo per la funzione unificante in Europa della grande musica. Ebbene, nella lezione universitaria che ho citato azzardavo un ardito parallelo fra le sorti dell'europeismo nei passati settant'anni e quelle della musica colta fra i secoli XIX e XX. La grande musica del passato sul finire dell'Ottocento si ruppe, si frammentò, pervasa da aneliti di modernità. Prese in parte una strada impervia, fatta di sperimentalismi poco espressivi, che la allontanarono dal suo ristretto pubblico tradizionale, fatto di aristocratici e alti borghesi, senza farle guadagnare un pubblico di massa. Quest'ultimo fu invece conquistato dalla musica popolare, commistione di ritmi africani portati con loro dagli schiavi e di romanze d'opera europee, mescolati insieme nelle balere americane. Si trattava di una musica tecnicamente molto rozza, ma capace di parlare al cuore di moltitudini di persone di tutto il mondo.

Similmente, l'europeismo fu coltivato inizialmente da pochi entusiasti, come progetto politico che unificasse un continente altrimenti destinato alle lotte fra popoli. I terreni elettivi del progetto, la sicurezza interna e la difesa esterna, erano però ancora troppo intrisi del sangue versato all'insegna di vessilli nazionali, quindi mal si prestavano a farsi fecondare dal progetto unificante. Dopo qualche anno fu decisa allora quella svolta economicista che ricordavo, fu deciso cioè che si sarebbe iniziato con l'integrare pazientemente le economie e anche i sistemi finanziari. Quella svolta trasformò un sogno costruito per riscaldare i cuori in una tela di norme per ingrossare i portafogli. Sulle prime l'esperimento funzionalista parve riuscire, ma gli entusiasmi dei pochi si raffreddarono senza suscitare veri entusiasmi nei molti, nelle masse popolari come si sarebbe detto un tempo, su cui quella tela di norme iniziò a stendersi come un sudario. Migliaia di norme e decine di migliaia di pagine di testi giuridici comprensibili solo al ceto funzionariale che li andava via via producendo, destinati agli addetti ai lavori, non certo agli elettori.

Alla fine, lo stanco ripetere le prediche europeiste di un tempo, condito forse con l'esibito senso di superiorità di predicatori nel frattempo invecchiati, è venuto a noia (per usare un eufemismo) alle predette masse popolari, le quali hanno riscoperto un sano (a loro dire) e frizzante nazionalismo di fronte all'emergere di problemi, appunto, di sicurezza interna (le ondate migratorie) e di difesa esterna (l'affacciarsi nel mondo di avversari vecchi e nuovi). Perché sono temi come questi che possono scaldare i cuori, suscitare l'interesse di gente che va distratta dalle incombenze quotidiane, dalla spesa al supermercato, dai litigi familiari. Così come può farlo una melodia semplice e accattivante, non un concerto irto di clangori e rumori minacciosi.

Siamo dunque a questo punto: a molti cittadini europei l'Europa è venuta a noia perché chiesastica e incomprensibile. In un paese come l'Italia a cui è stato ripetuto fino alla nausea quanto il duro tallone europeo potesse raddrizzare le sue endemiche storture l'antipatia è dilagata non appena alcuni leader politici l'hanno additata, prevalentemente a torto, come fonte di tutti i mali.

Ora il punto è questo: ai popoli europei stare uniti conviene. A tutti i popoli, quelli del Nord e quelli del Sud.

Conviene economicamente, ma non solo. È evidente che in un mondo in evoluzione geopolitica pesare per 700 milioni è meglio che pesare per 80 o 60. Quanto alla convenienza economica vi sono tonnellate di ricerche empiriche che lo dimostrano e non starò qui a citarle. Ma come si fa a convincere di ciò i cittadini europei? A me sembra che l'unico modo sia quello di ridurre l'importanza delle politiche europee economiche e finanziarie, aumentando molto quella delle politiche sociali e di difesa.

Quasi settantacinque anni e tre generazioni dopo la fine della Seconda guerra mondiale l'idea che queste ultime siano un tabù a causa di lacerazioni ancora troppe fresche tra popoli europei è abbondantemente superata. La strada laterale economicista non serve più come succedaneo della strada maestra, va imboccata direttamente questa. Tutta la gigantesca infrastruttura costruita in questi decenni per accelerare l'integrazione economica e finanziaria non va certo abbandonata, va solo affiancata da un'altra che risponda alle esigenze di oggi dei cittadini europei.

Tornare a parlare ai cittadini di problemi che loro capiscono non vuol dire però rinunciare al rigore analitico, alla raffinatezza intellettuale, alla profondità culturale. Una società evoluta è giusto che sia stratificata per livelli di conoscenza e di competenza, l'importante è che offra a tutti opportunità di elevazione culturale e non sia troppo ingiusta nella distribuzione del reddito e della ricchezza.

Abbiamo più che mai bisogno di persone come Tommaso Padoa-Schioppa, intelligenti, colte, perspicaci. Forse inadatte a colloquiare con la gente semplice, ma questo è il compito della politica che, se bene intesa, fa da filtro fra competenza e azione nell'interesse della collettività.

6. Vestali e cantastorie

Caro Salvatore,

siamo stati accompagnati in tutti questi anni da una vestale sconosciuta: l'austerità. Ha turbato i sonni dei politici che hanno fatto finta di non vederla anche quando sono stati costretti (raramente) a frequentarla. Li ha fatti litigare però, e molto, anche quando si faceva l'esatto contrario con politiche economiche espansive, aumentando e non riducendo la spesa pubblica. Aleggiava su ogni discorso come una presenza incombente. Cupa. Imposta dalle regole europee. Mal digerita anche quando non era, come in Italia, nemmeno all'orizzonte.

Nel Regno Unito dell'era Cameron – prima del disgraziato referendum sulla Brexit –, in Irlanda, Portogallo, Grecia invece si è vista. Eccome. Soprattutto per la durezza dei sacrifici che stava imponendo. Non sempre equi (Atene insegna), non sempre produttivi. Ma qualche frutto poi si è raccolto. Lisbona è l'Eden della resurrezione economica. Dovremmo aggiornare il significato popolare dell'aggettivo «portoghese». La rinascita di alcuni paesi è stata persino sorprendente. Ha fatto litigare voi economisti che non avete bisogno di sacerdotesse né di vergini sacre per svolgere il vostro (davvero) complesso lavoro. E tantomeno di aruspici. Qualche volta penso però – e scusami l'impertinenza – che l'esame delle viscere degli animali dia risposte non meno attendibili di quelle di sofisticati algoritmi che scrutano nei retropensieri della gente o misurano l'impatto di alcuni provvedimenti.

L'informazione ha scambiato invece l'austerità con l'equivalente di una cintura di castità economica. Oppure con una sorta di dieta malsana che non cura l'organismo ma posticipa solo l'appetito. Insomma, in questi anni vi è stata una congiura astrale che ha demonizzato il termine «austerità». E forse dovremmo ragionare su un grande equivoco culturale. L'austerità, nel dibattito pubblico italiano e anche nelle discussioni colte, ha assunto solo una carica negativa, trascinando dietro di sé, nella polvere della demagogia spicciola, anche i quasi sinonimi di rigore e sobrietà. Dell'austerità abbiamo buttato nel cassonetto dell'indifferenziata tutte le virtù. E non sono poche.

Ci siamo tenuti gli eccipienti negativi che, se consumati in dosi eccessive, come per i medicinali, diventano veleno. Mi domando come faremo a nutrire in futuro, non solo a parole, le politiche di sostenibilità ambientale. Le scelte di economia circolare si basano tutte sull'austerità più virtuosa, cioè sulla responsabilità civica nei confronti del prossimo. Ovvero l'attenzione ai diritti delle prossime generazioni. Non solo al riciclo dei materiali, all'impatto ecologico delle abitudini personali e collettive. Senza una nuova stagione dei doveri non ci salveremo. E i doveri sono il riflesso dell'austerità. E non dovrebbero aver bisogno, come è avvenuto nell'autunno scorso in occasione del dibattito sulla legge di bilancio 2020, di tasse e balzelli per essere promossi e diffusi.

Negli anni Settanta non era proprio così. In un periodo nel quale si sommarono due crisi petrolifere e il maggior incubo dell'economia italiana era l'inflazione – mentre il debito cresceva per effetto dell'esplodere della spesa e dell'andamento dei tassi reali – l'austerità ci parve un modo di vivere tutt'altro che disprezzabile. Nel 1974, in occasione della prima delle domeniche a piedi per tentare (senza riuscirvi) di risparmiare sul carburante, un giornale (era il «Corriere dei ragazzi» nel quale lavoravo, ma non ero io l'autore) titolò: *L'allegra Italia austera.* Oggi se qualcuno facesse un titolo simile subirebbe un immediato ricovero coatto. In realtà in quell'Italia un po' ingenua e provinciale, le domeniche a piedi – ripeto, del tutto inutili – si trasformarono in una grande festa di popolo, un'immensa sagra paesana nella quale si irridevano i signori del petrolio e ci si ingegnava – anche qui con scarsa fortuna – su come liberarsi dal loro ricatto.

Ma nel sentimento popolare, nel vissuto familiare, era chiara l'equazione tra sacrifici e risultati, nonostante il paese vivesse momenti difficili, non solo in economia. Oggi non tanto. Il risultato, cioè il benessere, è spesso svincolato dalla necessità del sacrificio, ovvero dell'investimento fisico, immateriale, in educazione. In economia, come è noto, non esistono «pasti gratis». Nell'Italia contemporanea si è creata invece la pericolosa illusione che qualcuno sia tenuto a pagarli al posto nostro. Lo Stato, per esempio. Nell'irresponsabilità collettiva del debito pubblico, quest'ultimo è considerato un'entità esterna, che non ci appartiene. Rifiutata per i suoi difetti, sottovalutata per i suoi pregi, a volte sconosciuti. Il conto per le future generazioni è già esorbitante. Ma non ce ne curiamo.

Nel gennaio del 1977, al Convegno degli intellettuali, tenutosi nella capitale, l'allora segretario del Partito comunista italiano Enrico Berlinguer stupì la platea con il celebre discorso sull'austerità. «Significa rigore, efficienza, serietà e significa giustizia» erano le sue parole. Non sfuggiva a Berlinguer l'ambivalenza del termine. L'austerità, nel suo pensiero, poteva essere «adoperata come strumento di repressione politica, di perpetuazione delle ingiustizie sociali, oppure come occasione per uno sviluppo economico solidale nuovo e per un rigoroso risanamento dello Stato». Lasciamo perdere le responsabilità che anche il Partito comunista ebbe, durante la Prima Repubblica, nella crescita della spesa e nell'accumularsi del debito. L'equilibrio nei rapporti fra maggioranza e opposizione fu spesso raggiunto, nella ritualità degli anni del consociativismo, dal compromesso sulle leggi di spesa, ovvero il «cemento del consenso» nell'appropriata definizione di Ugo La Malfa.

Ma al di là di ciò vi era in quella classe politica, nonostante le differenze ideologiche, un diffuso senso di responsabilità. La coscienza che nelle emergenze (vedi anche il terrorismo, il caso Moro) si dovesse anteporre l'interesse del paese al di sopra di ogni cosa. Mi ha molto colpito un recente libro di Antonio Padellaro, *Il gesto di Almirante e Berlinguer* (Paperfirst) nel quale si dà conto di alcuni incontri rimasti riservati fra l'allora capo del Movimento sociale, cioè erede del fascismo, e il leader dei comunisti italiani. Si videro in segreto alla Camera preoccupati entrambi dell'estremismo terrorista che proveniva dai rispettivi album di famiglia. Pensa soltanto quale sarebbe stata la reazione dei militanti se fosse trapelata la notizia! Mentre assistiamo a una perenne campagna elettorale – segno distintivo che unisce la maggioranza gialloverde a quella giallorossa – in cui si pensa solo al consenso immediato, è utile la lettura di un testo illuminante. Ovvero *Il tramonto dell'avvenire* (Marsilio), scritto da Paolo Franchi, sulle miserie ma anche sulle grandezze dei partiti della Prima Repubblica.

Ma torniamo ai giorni nostri. L'austerità è considerata dal mondo politico e dall'opinione pubblica una perversione della politica economica oltre che dell'animo. Del tutto inutile, anzi dannosa. Tutti contro, a destra come a sinistra. Il florilegio di «narrazioni», come si dice oggi, in negativo sull'austerità ha trovato legioni di cantastorie. Probabilmente l'Europa – ma qui lo potrai dire tu, Salvatore, dall'alto della tua esperienza anche come banchiere centrale – ha reagito con un'eccessiva dose di rigore nei bilanci alla crisi del 2008, prima del debito privato e poi del debito pubblico. Leggo che oggi le regole del Fiscal Compact non sono ritenute più, dalla nuova Commissione europea presieduta da Ursula von der Leyen, scolpite nel marmo.

Una certa autocritica si nota anche tra politici ed economisti tedeschi. Di austerità però in Italia ne abbiamo avuta molto poca. E questo non è chiaro al pubblico che crede di averne ingoiata troppa. Forse l'abbiamo avuta soltanto nel periodo del governo tecnico di Mario Monti, nel 2011-2012, e probabilmente di qualità cattiva perché tutta basata sull'aumento delle imposte anziché sul taglio della spesa pubblica. Ma Monti non poteva fare altrimenti. Quando la casa brucia non si bada a quali danni l'acqua – in questo caso le imposte – sia in grado di produrre. Una critica efficace e puntuale, non solo alle scelte del governo Monti, è contenuta nel libro di Veronica De Romanis *L'austerità fa crescere* (Marsilio). Ovvero: si spende meglio e si investe di più. E un successivo saggio, molto dibattuto, di Alberto Alesina, Carlo Favero e Francesco Giavazzi, *Austerità* (Rizzoli), ha esaminato un insieme di casi positivi e negativi.

Non ho titolo né la necessaria preparazione per trarre una sintesi della serie sterminata di esempi di politiche economiche cosiddette di austerità. Qualcosa, però, si può dire. Individuare le spese improduttive e dimostrare di saperle tagliare accresce la credibilità di un governo e l'attesa di una riduzione delle imposte su imprese e lavoro con conseguente effetto positivo nell'attrazione degli investimenti.

Agire solo sul versante fiscale dà agli operatori economici la netta sensazione che la mastodontica macchina statale sia afflitta da una bulimia incontenibile e dunque in futuro chiederà sempre di più, in termini di tasse, e di spiazzamento nel credito privato. Dal punto di vista politico, il contenimento della spesa esige – e lo si è visto in questi anni e il governo Conte 2 non fa eccezione – capacità tecnica e tempo, molto tempo, a disposizione. Gli effetti dei risparmi non si vedono subito ma insorgono all'istante le categorie deluse per le quali le esenzioni spariscono o si riducono e le tasse di fatto lievitano.

Le proteste, dunque, per i tagli alla spesa pubblica sono immediate. I vantaggi si misurano in un arco di tempo che spesso non coincide con i cicli elettorali sempre più brevi. In un'intervista al «Foglio» del 26 agosto 2019, l'editore Urbano Cairo si è chiesto come non sia possibile agire sui 180 miliardi di spese statali per beni e servizi (in realtà 146 miliardi nel 2018). Lui saprebbe certamente come fare. Ma i cittadini non sono tutti azionisti di una società quotata in Borsa che vede il proprio valore crescere per effetto della sana gestione di un'impresa. La mistificazione del significato di termini come austerità, sobrietà, rigore ha tolto coraggio al ceto politico. Ma dire la verità agli elettori e dirla bene, con idee e atteggiamenti coerenti, è una cosa che può e deve essere premiata. A meno che non si sia persa totalmente la fiducia nella maturità degli italiani, obnubilati e storditi da troppe promesse e convinti, nella babele della Rete, che i conti non si paghino mai.

7. Efficienza e giustizia

Caro Ferruccio,

stordito dai tuoi fuochi d'artificio lessicali e stilistici mi rifugio in aride definizioni. Secondo il dizionario Treccani, la parola «austerità» ha due significati: uno primario, letterale, che rimanda ai concetti di rigidità, inflessibilità, intransigenza, severità, solennità; l'altro metaforico, calco dell'inglese *austerity*, che vuol dire «regime economico-politico di risparmio nelle spese statali e di limitazione dei consumi privati, imposto dal governo al fine di superare una crisi economica».

In questo secondo significato il termine fu usato per la prima volta, appunto, dagli inglesi. Il governo laburista vincitore delle elezioni del 1945, guidato da Clement Attlee, impose al paese stremato dalla guerra un programma che i media del tempo insistentemente definirono di *austerity*. Poi, come tu ben ricordi, noi italiani acquisimmo familiarità con questo termine ai tempi delle domeniche a piedi negli anni Settanta, imposte dal governo nel tentativo di limitare il consumo di petrolio, improvvisamente ed enormemente rincarato per volontà dei produttori, in particolare dei paesi intorno al golfo Persico.

Me le ricordo bene quelle giornate. Rivedo anch'io l'aria di festa che c'era nelle piazze italiane finalmente liberate dalle auto: le biciclette, le famiglie, i bambini vocianti. Non era ancora cominciata l'era ambientalista delle pedonalizzazioni dei centri storici, piazza Plebiscito a Napoli era ancora un parcheggione aggrovigliato. Il senso di apertura, di aria fresca, che spirava dalle domeniche a piedi era una novità assoluta in un paese che fino a quel momento aveva rincorso la modernità attraverso il suo simbolo più potente, l'automobile.

Ma la cosa più importante, almeno nei miei ricordi, era la sensazione di reagire tutti insieme a un attacco esterno, una solidarietà, una fraternità che si coglieva negli occhi ridenti dei passanti che incrociavi. «Gli sceicchi arabi ci vogliono male, e noi gliela facciamo vedere, sappiamo stringere la cinghia, noi!» sembravano voler dire quegli occhi. Su una scala enormemente più grande e più tragica è lo stesso riflesso di risposta difensiva comune che indusse migliaia di cittadini inglesi possessori di barche e barchette, nel 1940, a spingersi attraverso il canale della Manica verso Dunkerque, agli ordini del loro governo, per riportare a casa i soldati in rotta, come ha mostrato un bel film recente. La lezione da trarre è che i sentimenti della gente comune, le loro credenze, le loro attese, divengono molto potenti quando sono concordi, quando si amalgamano in un senso comune condiviso, come di fronte a un pericolo o a una sfida esterna. Allora influenzano i comportamenti, e possono decretare il successo o l'insuccesso di decisioni politiche.

Ma torniamo all'austerità. Questa parola è entrata ormai nel linguaggio corrente come una specie di parodia del suo significato metaforico originario. Per moltissimi in Italia, ma direi anche per molti in Europa e forse nel mondo, l'austerità è quel sortilegio cattivo, oppressivo, maligno, incomprensibile, con cui alcuni stregoni annidati nell'ombra (il Fondo monetario internazionale, i banchieri, i burocrati della Commissione europea e consimili cattivi) affamano popoli interi.

Naturalmente le cose stanno in modi molto diversi e molto più complessi, che proverò a illustrare «da economista», qualifica che tu mi attribuisci. A proposito, noto che insisti molto sulla presunta contrapposizione fra te, povero giornalista, e me, pozzo di scienza economica. Mi sento un po' preso in giro... soprattutto alla luce del fatto che per molti anni economista non mi sono sentito affatto e me ne rammaricavo assai! In Banca d'Italia sono stato a lungo un *outsider*, giunto a imparare tardivamente il mestiere di economista partendo da un'originaria formazione matematica. Ma questa è un'altra storia, che interessa pochi.

La parola «austerità» nell'accezione metaforica corrente mi mette molto a disagio perché mi sembra fuorviante. Prendiamo il caso italiano, che abbiamo prima discusso. La necessità di una politica di bilancio «austera» nel nostro paese viene connessa con l'elevatezza del debito pubblico italiano in rapporto al Pil, la misura comunemente usata da analisti e media per valutare la virtù di un bilancio pubblico. Questo rapporto ha indubbiamente raggiunto un valore molto alto, nel confronto sia con altre fasi storiche italiane sia con i dati simultanei di altri paesi avanzati: oltre il 132% alla fine del 2018.

Facciamo un'analogia per capirci meglio: quando un'impresa s'indebita con una o più banche per mandare avanti la sua attività, le banche creditrici guardano alla potenzialità di quell'impresa di onorare costantemente il suo debito, ripagando le rate se ce ne sono e soprattutto pagando gli interessi. Non si preoccupano tanto se il debito cresce, purché fatturato e profitti dell'impresa crescano almeno quanto il debito. Lo stesso vale per un paese. Se il debito pubblico cresce, sì, ma meno del Pil dell'economia nazionale (grosso modo equivalente al fatturato di un'impresa, al netto degli input) i creditori non se ne preoccupano granché. Questa è la ragione per cui, in Italia come negli altri paesi, gli addetti ai lavori guardano normalmente non al debito pubblico nominale, cioè a quello espresso in euro o nella valuta nazionale, ma al suo rapporto col Pil. Se questo rapporto cresce, come è accaduto all'Italia negli ultimi dieci anni (di 30 punti percentuali), vuol dire che il debito sta salendo più del Pil e i creditori si preoccupano.

Ma chi sono questi creditori? Chi ha in mano i titoli del debito pubblico italiano o potrebbe comunque decidere di acquistarli? Chi sono costoro? Fatto 100 il totale del debito, 70 è attualmente nelle mani di italiani e 30 di stranieri. Dei 70 in mani italiane, 28 appartengono a banche, 20 ad assicurazioni e ad altre imprese finanziarie, 17 alla Banca d'Italia (anche in nome e per conto del Sistema europeo di banche centrali), 5 ad altri soggetti. Possiamo immaginarci una composizione analoga anche dei 30 in mani straniere.

Quindi, in larga prevalenza, si tratta di investitori professionali, ma che agiscono, direttamente o indirettamente, per conto della loro clientela. E in questa clientela vi sono anche milioni e milioni di risparmiatori italiani, teniamolo ben presente. Gli investitori finora hanno tenuto i titoli pubblici italiani nei loro portafogli, ne hanno anche acquistati altri, perché fruttavano un buon rendimento, superiore a quello dei titoli pubblici di altri paesi, grazie a uno *spread* positivo con i Bund tedeschi che non è mai sceso sostanzialmente al di sotto di 1 punto percentuale dal 2010. Il contraltare, che spiega lo *spread*, è sempre stato un rischio maggiore di fallimento (ovvero di *default*, come si dice in gergo) del debitore, rischio che gli investitori hanno deciso di correre. Ma sono sempre sul chi va là: se il debitore, cioè la Repubblica italiana, facesse fallimento e imponesse loro una perdita certa, anche parziale, sul capitale investito sarebbero, per loro e per i loro clienti, guai grossi. È già successo ad altri paesi, da ultimo la Grecia nel 2011.

Allora, se gli investitori a un certo punto si convincono che lo Stato italiano è davvero avviato su quella strada, si affrettano all'uscita, e l'uscita può diventare disordinata e rovinosa, per l'Italia e anche per loro, se si diffonde il panico. E gli speculatori? Certo che ci sono, ma sono pesci pilota. Scommettono su un *default* quando lo ritengono assai probabile, ma la loro scommessa è vinta solo se il banco degli investitori segue. E quando si avvera questo scenario da tregenda? Quando un governo non suona credibile nel voler stimolare la crescita del Pil con risorse che non ha, che spera di avere quando il Pil sarà effettivamente salito.

Ricordo che nel bilancio pubblico fra le spese ci sono anche quelle che servono a pagare gli interessi sul debito accumulato fino a quel momento. Nel 2018 la spesa per interessi è stata di 65 miliardi: senza di essa ci sarebbe stato un surplus di oltre 27 miliardi. Sul debito pubblico ha pesato per il 2,8%, un tasso superiore a quello di crescita del Pil nominale (1,7). Questo preoccupa molto i creditori perché rafforza il sospetto che il debitore (l'Italia) non sia in prospettiva in grado di onorare il suo debito.

Da qui discende la necessità di far scendere il rapporto fra debito pubblico e Pil, o almeno di non farlo salire ulteriormente, e quindi ridurre la spesa per interessi. La questione è conservare la fiducia dei creditori nel fatto che non faremo fallimento.

E l'Europa, con le sue mille regole astruse? Anche le istituzioni europee possono mettere in difficoltà un paese che dichiari di non voler seguire le regole sulla finanza pubblica, o che non le segua di fatto. Ma le procedure in caso d'infrazione sono lente e complesse. Possono alla fine condurre a comminare al paese inadempiente una multa salatissima, ma il caso finora non è mai avvenuto, anche perché la decisione alla fine la prende il Consiglio dei capi di Stato e di governo, un organo squisitamente politico, che può anche decidere di sorvolare su una qualche regola. L'Europa può abbaiare molto ma morde poco, e con lentezza.

Il punto è un altro: i creditori, gli investitori, i mercati, chiamiamoli come vogliamo, guardano allo stato dei rapporti fra un governo e le istituzioni europee come a un importante indicatore dell'eventuale volontà dei governanti nazionali di portare consapevolmente il loro paese al fallimento, uscendo dall'Unione europea e imponendo un *haircut*, cioè una pesante sforbiciata, al debito pubblico. Quella è la preoccupazione principale dei creditori, non subire un'improvvisa perdita sul loro credito decisa per legge.

Per ridurre il debito pubblico in rapporto al Pil e così conservare la fiducia dei creditori, vi sono tre strade: far crescere il Pil più del debito, ridurre le spese, aumentare le tasse. Le tre strade si intrecciano fra loro, non sono indipendenti. Far crescere il Pil è compito dell'intero paese, la politica non può tutto. La politica è importante perché fissa le regole del gioco economico, che possono essere più o meno favorevoli alla crescita (in Italia sono al momento sfavorevolissime). Poi perché, nel manovrare il bilancio pubblico, dunque nel fissare spese e tasse, può sortire effetti espansivi o restrittivi sulla crescita economica.

Tu citavi il bel libro di Alesina, Favero e Giavazzi nel quale gli autori dimostrano con abbondanza di casi che ridurre le spese è molto più favorevole alla crescita del Pil di un aumento delle tasse, non solo nel medio-lungo termine ma anche nel breve, a determinate condizioni. Anche qui, è decisiva la credibilità dell'esercizio di risanamento agli occhi di consumatori e imprese, la loro fiducia che nel futuro le cose andranno meglio: questo li induce a consumare e investire.

Quel libro reca in epigrafe una celebre frase di Enrico Berlinguer, che è passato alla storia anche come profeta dell'austerità. La frase fu pronunciata nel 1977 e dice tra l'altro, come tu hai già ricordato, che austerità significa efficienza e giustizia. Ecco, mi piacerebbe che anziché di austerità parlassimo di efficienza e di giustizia, almeno per il caso italiano.

8. I nostri difetti antichi

Caro Ferruccio,

torniamo a parlare dei difetti della nostra economia. Mi riferisco a quelli strutturali, quelli che emergono da un'osservazione molto lunga, di qualche decennio almeno. Nella mia prima email a te diretta sostenevo che l'ecosistema politico-normativo in cui le imprese nazionali vivono influenza molto la loro soverchiante inclinazione a non crescere nella dimensione, che invece è il segreto per sfruttare la tecnologia disponibile in chiave di efficienza produttiva. Ricordiamoci sempre che lo sviluppo economico di una società, quella cosa intessuta di dinamismo, di crescita equilibrata e inclusiva (come si suole dire oggi), di inventività, alla fine dei conti lo fanno le imprese, almeno in un'economia di mercato.

Ma perché questo benedetto ecosistema italiano è così sfavorevole alla vita delle imprese? Legioni di esperti e di analisti si sono a lungo interrogati sul tema. Nel mio piccolo anch'io l'ho fatto. Comunemente si punta il dito sulla burocrazia, sulle sue lungaggini, sull'impiegato pubblico neghittoso, che rifugge le responsabilità, che rinvia la pratica da un ufficio all'altro rendendo qualunque legittima richiesta di un cittadino, specie di un'impresa, un'agonia infinita. Oppure sulla lentezza e sulla farraginosità della giustizia, oltre che sulla presunta capricciosità o erraticità delle sentenze. C'è naturalmente del vero in tutto questo, ma chiediamoci: è così perché gli impiegati pubblici e i giudici sono naturalmente cattivi?

Perché c'è una selezione naturale che indirizza la parte pigra, invidiosa, scansafatiche della popolazione verso l'impiego pubblico o verso la magistratura? O perché sono invece le norme, le regole, che disciplinano e organizzano il lavoro dell'impiegato pubblico e del giudice a essere fatte male?

Forse perché anch'io sono stato un impiegato pubblico per molti decenni, mi sono convinto che la spiegazione vera è la seconda, quella che investe regole e norme. In un mio libro di dieci anni fa scrivevo che una delle più antiche ragioni del difetto di produttività del sistema economico italiano sta proprio nel mancato riconoscimento, nelle norme e nei regolamenti, delle ragioni del mercato e dell'efficienza, se non addirittura in un'aperta ostilità a queste; che si tratta di un dato storico, la cui incoerenza con il buon funzionamento del sistema economico, da sempre latente, diviene manifesta e letale nel momento in cui i termini della produzione e dello scambio internazionale vengono rivoluzionati dall'avvento del nuovo paradigma tecnologico e dalla progressiva integrazione dei mercati.

In quello stesso libro raccontavo, a mo' di esempio dell'assurdità delle leggi italiane, la storia vera (appena dissimulata da qualche nome cambiato) di una piccola fondazione che si voleva costituire per ricordare un amico prematuramente scomparso; la mettevo a confronto con la storia, invece totalmente inventata, della costituzione di una fondazione negli Stati Uniti: inventata sì, ma puntigliosamente documentata.

Potrai immaginare, caro Ferruccio, la distanza abissale fra le due vicende, riassumibile però in un punto di fondo: in Italia il presupposto di qualunque norma venga scritta, da chiunque e per qualunque scopo, è che i cittadini italiani siano tutti (tutti!) dei criminali incalliti, la cui delinquenza conclamata e irrimediabile debba essere arginata *ex ante* dal legislatore/regolatore con dispositivi che si sforzino di prevedere qualunque maligna idea possa attraversare la mente dei cittadini stessi per beffare le norme. Nei paesi angloamericani, o che a questi s'ispirano, il presupposto è invece che il cittadino sia in buona fede; se si scopre *ex post* che non lo è, allora, ma solo allora, lo si punisce, ma a quel punto con grande tempestività e severità.

Sto facendo l'apologia della società americana? Per carità, no! Vi sono in quella società storture enormi, ingiustizie, anche inefficienze. Ma il collante di quella collettività umana è stato a lungo (forse non più, in questi tempi incarogniti e confusi) una fiducia di fondo di ciascun americano nei confronti di ciascun altro e di tutti nei confronti delle istituzioni politiche e amministrative. In Italia il sentimento nazionale prevalente è sempre stato di sfiducia e diffidenza, di tutti nei confronti di tutti. È materia per storici e per scienziati della politica e della società, io non riesco ad andare oltre queste considerazioni da bar. Ma alcuni pareri esperti che ho letto nel corso degli anni e che ho riportato nei miei scritti sull'argomento mi hanno confortato, come ad esempio quelli di Angelo Panebianco e di Cesare Mirabelli.

Il primo, politologo di fama ed editorialista del giornale che tu hai diretto, si concentra sul nesso fra diritto e mercato e osserva come in Italia si sia consolidata una tradizione culturale che crede nel primato morale dello Stato sulla società, palude di interessi egoistici. La libertà nell'agire economico è vista come fonte di disordini e pericoli, dunque come moralmente subordinata a tutte le altre manifestazioni della libertà.

Il secondo, giurista insigne ed ex presidente della Corte costituzionale, osserva come nel nostro sistema di pensiero la giurisdizione sia intrinsecamente a-economica: essa è espressione di sovranità e garanzia dei diritti, dunque è una funzione senza costo e senza tempo, in cui ogni singolo processo ha valore assoluto. Questo contribuisce a spiegare la lentezza dei procedimenti, certo ridotta dopo le riforme della giustizia succedutesi negli anni, ma che colloca ancora l'Italia in fondo alla classifica dei paesi avanzati.

Tuttavia il diritto non è l'unico problema della nostra società. Nelle mie personali riflessioni intorno alla possibile decadenza (o declino, come preferisci tu, usando un termine in voga anni fa) dell'Italia mi sono convinto che c'è un altro difetto fondamentale, che insieme col diritto è alla base della lunga lista di «fattori disabilitanti» il progresso italiano: l'istruzione.

Questo libro si apre con due racconti di fantasia. Uno dei due narra la storia di Sebastiano ed Elisa, nonno e nipotina, e delle loro rispettive esperienze il primo giorno di scuola elementare: la prima negli anni Cinquanta dello scorso secolo, la seconda ai giorni nostri. Il racconto si chiude con Sebastiano che sembra perdersi dietro la nostalgia della sua infanzia, salvo farsi venire all'ultimo momento il dubbio che la sua sia soltanto, appunto, nostalgia.

In effetti la scuola elementare di oggi è, sotto quasi tutti i profili, meglio di quella di ieri, in particolare di uno ieri così remoto. Non solo: a detta di tutti gli esperti, la scuola elementare è attualmente in Italia l'ordine di studi che funziona meglio, sia nel confronto internazionale sia in assoluto. Ma non è un caso. È il frutto di una scelta politica precisa, presa nel dopoguerra e mai modificata, che è forse la causa principale del fatto che il sistema italiano d'istruzione sia, nel suo complesso, un potente fattore disabilitante.

Seguimi bene. L'Organizzazione per la cooperazione e lo sviluppo economico, meritoria e storica organizzazione internazionale con sede a Parigi, conduce da molti anni un'analisi comparativa dei sistemi d'istruzione dei paesi a essa aderenti, che sono grosso modo tutti i paesi avanzati del mondo. Una delle tante grandezze confrontate è la spesa pubblica per studente, nei diversi ordini di studio. Secondo l'ultimo dei rapporti Ocse sul tema, pubblicato nel 2018, il settore pubblico italiano ha speso nel 2015 praticamente la stessa cifra della media dei paesi dell'Ocse nell'istruzione primaria (scuola elementare), il 5% in meno nell'istruzione secondaria inferiore (scuola media), l'11% in meno nell'istruzione secondaria superiore (licei e istituti tecnici), il 33% in meno nell'istruzione terziaria (università, escludendo le spese per ricerca e sviluppo).

Ora, sia nel confronto internazionale per ogni ordine d'istruzione, sia in quello nazionale fra i vari ordini di istruzione, i risultati, per quanto si riesca a misurarli, rispecchiano le risorse pubbliche stanziate. La nostra scuola elementare, secondo i test Pisa dell'Ocse, è allineata con quelle dei paesi avanzati; secondo le ultime prove dell'Istituto nazionale per la valutazione del sistema educativo di istruzione e di formazione (Invalsi), condotte nel 2019, essa assicura risultati *mutatis mutandis* migliori di quelli degli ordini d'istruzione secondaria e più omogenei tra il Centro-Nord e il Sud del paese. Riguardo all'istruzione terziaria abbiamo meno dati di confronto internazionale, ma basta ribadire un fatto noto: la percentuale di giovani fra i 25 e i 34 anni con una laurea o più è del 28% in Italia e del 42% nella media Ocse. Siamo quarantesimi su 48 paesi, facciamo peggio di Colombia e Costa Rica.

Ma perché l'Italia punta, nella ripartizione dei fondi pubblici, di più sulla scuola elementare e sempre di meno man mano che si sale negli ordini d'istruzione? Sono, come dicevo, scelte politiche prese tanti anni fa e mai cambiate, coerenti con la necessità di far uscire l'Italia del dopoguerra dal pantano dell'analfabetismo di massa. Esse sono diventate sempre meno coerenti con le necessità di un paese e di un'economia che andavano risalendo nella graduatoria dello sviluppo. Sono oggi del tutto incoerenti con lo sviluppo economico moderno, che si nutre di tecnologia e innovazione e abbisogna di un'istruzione terziaria avanzata e diffusa.

Non è con bravi scolari di 10 anni che una società può svilupparsi, ma con bravi laureati o dottori di ricerca di 25-30; e noi ne abbiamo drammaticamente pochi.

9. Impresari e imbonitori

Caro Salvatore,

vorrei risponderti su questo tema centrale della nostra conversazione richiamando una figura a te nota e credo conosciuta anche a molti lettori: Alberto Ronchey (1926-2010). È stato un grande giornalista e un eccellente ministro dei Beni culturali con i governi Amato e Ciampi (1992-1994). Ossessionato da quella che chiamava «sindrome dell'accertamento», Ronchey non tollerava alcun errore. Detestava le imprecisioni. Sue e di altri. Era uno scozzese di Roma. Rigoroso soprattutto con sé stesso. Un grande coniatore di aforismi. Forse superiore a Ennio Flaiano e a Leo Longanesi, entrambi romani d'adozione come lo sei tu, peraltro.

Ronchey si chiedeva perché i dibattiti tra adulti avessero bisogno di un moderatore mentre per badare a bambini e ragazzi fosse necessario ricorrere a un animatore. «Bisognerebbe fare il contrario», diceva. La battuta di Ronchey che trovo fulminante e di grande attualità, guardando anche al profilo degli ultimi esecutivi e ai troppi difetti italiani, era la seguente. Un giorno un signore, ammaliato dalla sua verve e dalla sua indubbia cultura gli disse: «Lei Ronchey è un tuttologo». La risposta: «Anche!».

Ma vorrei ricordare il direttore della «Stampa» ed editorialista del «Corriere» non solo per le sue imperdibili battute ma anche per aver distinto tra attualità immediata e attualità permanente. Ecco, noi ci occupiamo troppo – e questa è un'autocritica professionale – dell'attualità immediata: la frase di un politico, l'episodio curioso, ciò che fa discutere un giorno e poi si dimentica in fretta. La chiamerei, parafrasando Milan Kundera, l'insostenibile leggerezza della cronaca quotidiana. Discutiamo invece assai poco, non solo sui mezzi d'informazione ma un po' ovunque nella nostra distratta società, di attualità permanente. Ecco, i temi che tu tocchi sono appunto di attualità permanente: la centralità dell'impresa, gli ostacoli burocratici, gli scarsi investimenti in educazione.

Se non avremo la forza, la determinazione di affrontare i «fattori disabilitanti», come li chiami tu, della nostra società, della nostra economia – che richiedono necessariamente riforme di lunga durata e di profonda efficacia –, non ne verremo mai fuori. Con le riformette che poi restano a mezz'aria, con i bonus a pioggia, con un po' più di spesa pubblica per accontentare, nel breve termine, *constituency* o clientele non si va da nessuna parte. Si rimesta la poca acqua che rimane nello stagno della crescita.

Ci si limita, come è avvenuto con l'ultima legge di bilancio del governo giallorosso a disinnescare le clausole di salvaguardia sull'Iva che si ripresentano – un vero nodo scorsoio che andrebbe reciso – puntualmente ogni anno. Si vivacchia aggrappati alla speranza di un miracolo o all'illusione, per esempio, che facendo più deficit si cresca così tanto da ridurre il rapporto tra debito pubblico e prodotto interno lordo. Credo non sia mai successo nella storia.

Ma forse possiamo fare molto in un altro modo. Come? Con il «volontariato della ragione». Che cosa intendo? Le tante persone che come noi hanno ricoperto posti di responsabilità, élite e classi dirigenti in generale, dovrebbero sentirsi in dovere di svolgere una sorta di apostolato laico. Intervenire, spiegare, anche educare, passando alle nuove generazioni (troppo tardi nel nostro paese) non solo il testimone del potere ma anche il viatico morale della responsabilità collettiva.

Lo sguardo dell'esperienza, la saggezza maturata nelle prove sul campo. Non lesinando l'ammissione di colpe che certamente non mancano. Anzi, abbondano. Uscendo da quel generale e accidioso sentimento di estraneità e di distacco che si traduce nella frase: «Adesso vediamo che cosa siete capaci di fare, noi abbiamo già dato». Eh no, non si fa così. Equivale come atteggiamento – se mi passi la battuta – a quelli che volevano con il governo gialloverde sedersi sulla riva del fiume mangiando popcorn per «godersi lo spettacolo». Poi hanno fatto l'esecutivo giallorosso e i pop corn sono stati miracolosamente rimessi nelle pannocchie.

Questo «volontariato della ragione» dovrebbe aiutarci ad affrontare meglio alcune questioni di attualità permanente, a porle come priorità nell'agenda nazionale. Per esempio la cultura d'impresa. Siamo un paese con tanti, purtroppo spesso piccoli imprenditori, cui dobbiamo infinita riconoscenza, che però non credono fino in fondo alla centralità dell'impresa. Sotto sotto ne diffidano. Mi ha sempre colpito che quando si parla di impresa in Italia e del suo contributo al progresso e al benessere, sia sempre necessario ricorrere a un aggettivo qualificativo. L'impresa sociale, solidale, aperta ecc. Io trovo questo modo di parlare, di argomentare, un residuo ideologico del Novecento e la spia di un pregiudizio.

Nella Costituzione è scritto, all'articolo 41, che «l'iniziativa economica privata è libera», ma «Non può svolgersi in contrasto con l'utilità sociale o in modo da recare danno alla sicurezza, alla libertà, alla dignità umana. La legge determina i programmi e i controlli opportuni perché l'attività economica pubblica e privata possa essere indirizzata e coordinata a fini sociali». Quell'articolo è successivo, nella Costituzione, a quelli sulla libertà sindacale e il diritto di sciopero. E non è un caso. Sono ovviamente considerati più importanti. Ora sono passati più di settant'anni dal varo della nostra Carta, ma i sospetti nei confronti dell'impresa, della formazione del profitto, in generale sull'attività imprenditoriale, non sono scomparsi. Sono radicati nella nostra cultura ancora vagamente catto-comunista.

Il populismo italiano si nutre di questo cibo avariato, dei suoi avanzi. Alla Lega piacciono le piccole e medie imprese – anzi ne è paladina – ma diffida delle grandi, specie se multinazionali. Ai Cinque Stelle non piacciono né le une né le altre. In parte della sinistra, anche in alcune posizioni del Pd e di Leu, rimangono ben saldi i pregiudizi anti-industriali. Devo dire che la novità costituita da Italia Viva è, in questo senso, positiva. L'impresa in sé è come se non avesse alcun valore intrinseco, alcuna utilità sociale. Il dividendo sociale deriva solo da limiti e controlli. Sempre insufficienti. Gran parte dell'opprimente burocrazia, che riduce la competitività delle aziende italiane e ne limita lo sviluppo, ha questa origine, diciamo così, ideologica. L'Assolombarda ha stimato che un solo addetto di un'azienda deve impiegare tra i 45 e i 190 giorni lavorativi per sbrigare le pratiche burocratiche.

Luigi Einaudi propose di inserire nella Costituzione una norma che tutelasse l'iniziativa economica privata dal potere monopolistico. Lo ricorda Luisa Cassetti nel commentario *La Costituzione italiana* (Il Mulino). La proposta non venne accolta, probabilmente perché nel pensiero prevalente dell'epoca era l'impresa pubblica (con i suoi monopoli) a racchiudere le finalità sociali. Non tanto quella privata. E non possiamo dunque stupirci se i principi della concorrenza sono così a lungo trascurati se non osteggiati.

La concorrenza è entrata di fatto nel nostro ordinamento grazie al diritto europeo. L'articolo 117 della Costituzione dopo la riforma – del quale si parla persino troppo a proposito del regionalismo differenziato – assegna una riserva statale per la tutela della concorrenza. E in applicazione della legge 99 del 2009, l'Italia deve adottare ogni anno una legge sulla concorrenza. Lo ha fatto una sola volta nel 2017. Non senza fatica, infinite discussioni parlamentari, ostacoli di lobby grandi e piccole. Norme rimaste in parte lettera morta. Preferisce tenere in piedi imprese ormai senza futuro. L'Alitalia, che è costata al contribuente quasi 10 miliardi, è continuamente sorretta da prestiti pubblici, decisi da governi dei più svariati orientamenti. C'è una classifica Ocse (*Share of Capital Sunk in Zombie Firms*) che vede l'Italia al secondo posto dopo la Grecia per aiuti alle imprese decotte. Senza più mercato.

La concorrenza non piace. Anche alle stesse imprese. Non è entrata nel nostro tessuto culturale, nelle nostre abitudini. Ne vediamo più i disagi che le opportunità. Tanto è vero che tolleriamo che venga calpestata nella forma dell'uso dissennato di pagamenti in nero. Senza concorrenza non c'è riconoscimento del merito. Solo vie oblique per trovare un lavoro. Contano le conoscenze non i risultati. E infatti i giovani più preparati se ne vanno all'estero. Un vero esodo biblico che non ci preoccupa. Lo subiamo. Anche questa è attualità permanente. Ed è uno scandalo.

10. Sviluppo (in)sostenibile?

Caro Ferruccio,

sul fatto che gli italiani abbiano la concorrenza «a gran dispitto» hai scritto parole molto urticanti. In realtà è urticante il fatto in sé, anzi, è inspiegabile. Almeno apparentemente. Perché più alta è la concorrenza in un mercato qualsivoglia, di beni o di servizi, più alto sarà il potere d'acquisto dei consumatori, e consumatori siamo tutti, ma proprio tutti. Il fenomeno diviene meno inspiegabile se si pone mente a un altro fatto: noi non siamo solo consumatori, ma anche lavoratori (perlomeno quelli che un lavoro ce l'hanno). Se siamo lavoratori autonomi i concorrenti sono nostri nemici e ne vogliamo il meno possibile; se siamo lavoratori dipendenti, quando un'impresa o un'amministrazione va in crisi tendiamo a solidarizzare con i lavoratori minacciati di licenziamento e un bel salvataggio pubblico ci rassicura, al punto che non badiamo al costo per noi, sia diretto sia indiretto via concorrenza falsata. L'Italia è un paese in cui si dà, per ragioni storiche e culturali, maggior peso alla sicurezza prospettica del posto di lavoro di quanto non si dia al valore corrente dei soldi che si hanno in tasca. In altri paesi, penso a quelli angloamericani, non è così.

Spesso però si dice: la concorrenza è il frutto del libero mercato e un modello di sviluppo economico solo basato sul pieno dispiegarsi del libero mercato, come quello adottato nel mondo occidentale per alcuni decenni, non ha funzionato, ci ha portati tutti al panico finanziario, alla recessione, a drammatiche disuguaglianze di reddito e di ricchezza all'interno dei nostri paesi, all'inquinamento di vaste porzioni del pianeta, al cambiamento climatico che minaccia tutta la Terra. Occorrerebbe quindi un altro tipo di sviluppo, «sostenibile». La concorrenza perfetta smetta di essere l'obiettivo primario di qualunque economia di mercato, divenga un obiettivo secondario, eventuale. Gli obiettivi primari siano la lotta alle disuguaglianze sociali e all'inquinamento, le due piaghe che rendono lo sviluppo economico attuale insostenibile.

Sviluppo sostenibile è diventata un'espressione comune, soprattutto nei convegni. È un mantra ripetuto più per il suono che per il significato, ed è un suono bello, rassicurante, che fa star bene chi lo suscita e chi lo ascolta, fa sentire di stare dalla parte giusta, dalla parte dei buoni. C'è però una definizione precisa di sviluppo sostenibile, ancorché molto generale, data quando il concetto nacque, nel 1987, nel vecchio e dimenticato Rapporto Brundtland: «uno sviluppo che soddisfi i bisogni del presente senza compromettere la possibilità delle generazioni future di soddisfare i propri».

Chi non converrebbe con questa massima? «Non abbiamo ereditato questa Terra dai nostri genitori, l'abbiamo presa in prestito dai nostri figli», disse un capo indiano negli Stati Uniti di metà Ottocento. Da questa definizione emerge però con chiarezza il primo punto fondamentale che rende la questione dello sviluppo sostenibile incerta e spinosa: il conflitto fra breve e lungo termine, tra sguardo miope e lungimirante.

Avere veduta lunga, preoccuparsi del benessere delle generazioni future è cosa nobile e altruistica, ma è facile da parte di chi non deve prendere decisioni né politiche né aziendali. Per trasformare questo afflato generoso in provvedimenti concreti occorre fronteggiare la naturale tendenza dei decisori a badare innanzitutto alle proprie convenienze di breve termine.

Ora, le decisioni da cui dipende lo sviluppo di una società, se sostenibile o no, sono prese essenzialmente da politici e da imprenditori. I primi sono molto più miopi dei secondi. Nelle democrazie moderne il politico medio ha un orizzonte temporale massimo di quattro o cinque anni, la durata del suo mandato, ma spesso agisce e reagisce in base ai sondaggi di opinione o a elezioni locali, che sono molto più frequenti. Il suo obiettivo è prendere alle successive elezioni più voti possibili, per essere rieletto e per pesare di più nel suo partito. D'altro canto, l'elettorato dà il suo voto non più per appartenenza ideologica o religiosa, ma per interessi personali immediati o addirittura sulla base di una superficiale simpatia per un volto che vede spesso in Tv.

Per un politico, farsi portabandiera di una battaglia per lo sviluppo sostenibile può far guadagnare il consenso di qualche ambientalista, ma è molto più difficile che porti adesioni di massa. Perché viene visto come un sogno da anime belle, che guardano al futuro lontano, ma che intanto comprime le legittime aspettative che la maggior parte della gente nutre per l'oggi.

Tutto questo non deve scandalizzarci, le democrazie funzionano così. Dobbiamo però tenerne conto.

Neanche gli imprenditori e le imprese fanno della beneficienza disinteressata quando prendono decisioni aziendali, ma sono meno soggetti al morso del presente di quanto non siano i politici. Soprattutto le imprese che hanno un padrone privato, ovvero un azionista di riferimento, è più facile che abbiano visioni di lungo termine. Grandi *public companies*, cioè imprese nel cui azionariato siano prevalenti risparmiatori, devono invece mostrare agli analisti di mercato, che le scrutano per conto degli azionisti, una buona redditività semestre per semestre; tuttavia persino nel loro caso viene apprezzata dal mercato una strategia di lungo termine, purché essa consolidi e migliori la capacità di fare profitti.

Il secondo punto fondamentale è che essere lungimiranti piuttosto che miopi non basta. Se anche tutti i politici e tutti gli imprenditori fossero massimamente lungimiranti, lo sviluppo sostenibile non sarebbe in cima ai loro pensieri, a meno che... a meno che non si convincano che esso conviene, se non altro nel lungo termine. Che conviene non solo al pianeta intero, ma anche al singolo paese e financo alla singola impresa. Questa convenienza va dimostrata, di essa i responsabili di decisioni pubbliche e private vanno persuasi.

Gli anni trascorsi non sono stati favorevoli a questa dimostrazione. Il mondo veniva da una recessione lunga e penosa, conseguente alla crisi finanziaria globale. Da vasti strati dell'opinione pubblica e del ceto politico di molti paesi si sono levate voci a reclamare uno sviluppo qualunque, purché in grado di ricreare i posti di lavoro persi.

Certo, le bolle finanziarie, come quella il cui scoppio ha portato alla crisi, sono una delle manifestazioni della insostenibilità di un modello di sviluppo. Ma l'avvento in alcuni paesi di personaggi e movimenti politici populisti e nazionalisti non ha aiutato: lo sviluppo sostenibile, oltre che un esercizio di lungo termine, è una faccenda sovranazionale e multilaterale per sua natura. Inoltre, si addensano ora nel mondo segnali preoccupanti di una nuova inversione del ciclo economico, se non di una nuova recessione.

Dunque, posto che la convenienza economica di uno sviluppo sostenibile, cioè con meno disuguaglianze e meno inquinamento, sia provata, la presente fase storica non è favorevole a convincere i decisori.

Per l'Italia la connessione fra i due temi – sviluppo e sostenibilità – è particolarmente forte. Prendiamo la questione delle disuguaglianze di reddito e ricchezza all'interno della popolazione. La maggior parte degli studi empirici sul nesso fra disuguaglianza e crescita mostrano che un eccesso della prima si riverbera negativamente sulla capacità dell'economia di svilupparsi. L'Italia è un paese con forti disuguaglianze di reddito nel confronto con gli altri paesi avanzati: secondo i dati dell'Eurostat, l'agenzia statistica europea, l'indicatore più comunemente usato per misurare la disuguaglianza (l'indice di Gini) è da noi di oltre 3 punti più alto che in Germania e in Francia. Una persona su dieci in Italia è in condizione di «grave deprivazione materiale», mentre lo è soltanto una su diciassette nell'area dell'euro. I nostri poveri non sono più soprattutto anziani, come un tempo. Sono in prevalenza famiglie giovani e numerose, anche a causa dei flussi di immigrazione.

Questo è un problema che solo le politiche pubbliche possono risolvere. A esse si deve chiedere di riformare il sistema italiano di protezione sociale. Un sistema che ha accentuato le sue antiche debolezze: l'Eurostat ci dice che in Italia i trasferimenti sociali (pensioni incluse) sono molto meno efficaci che nella media degli altri paesi europei nel ridurre il rischio di povertà e di esclusione sociale. Non servono risorse aggiuntive, ma coerenza delle politiche con una realtà sociale cambiata.

Lo sviluppo economico di un paese avanzato si nutre di ricerca scientifica, di innovazione continua, ma anche di coesione sociale e di rispetto per l'ambiente. Anche per l'Italia, come per gli Stati Uniti, il Giappone, la Germania, è ormai impossibile svilupparsi con fabbriche fordiste inquinanti o con «eserciti industriali di riserva», per dirla con Marx.

È giusto che l'ingegno umano pieghi la natura alle sue esigenze produttive e di benessere, ma senza depredare le risorse naturali in modo irreparabile.

È giusto che redditi e ricchezza siano distribuiti lungo una scala anche ampia, purché questa rifletta l'impegno e lo sforzo personale, non le circostanze familiari in cui ciascuno si ritrova a nascere e a vivere.

In questo senso preciso lo sviluppo economico o è sostenibile oppure, semplicemente, non è. Però si deve uscire dalla lamentazione moralistica e convincersi della convenienza economica, per un paese ma anche per una singola azienda, di una crescita economica che non produca disuguaglianze socialmente inaccettabili e inquinamento irreparabile.

11. Calde notti in cuori freddi

Caro Salvatore,

cogli il punto. La sostenibilità è sempre più una necessità vitale ma ancora una moda. Una parola semivuota. Un modo di porsi, non un modo di essere. Almeno per ora. E devo dire, senza mezzi termini, che la colpa è anche nostra, di noi cittadini, consumatori. È, a mio giudizio, più un problema di domanda, chiamiamola così, di educazione civica, che di offerta di prodotti e di servizi. Siamo sempre lì in attesa che qualcuno si muova e tendiamo a trascurare che il movimento per la sostenibilità e per l'economia circolare è anche e soprattutto qualcosa che nasce dal basso. Sempre che nasca, tra le mille difficoltà che vedremo. Non è l'intuizione di un'élite illuminata, un'abitudine importata, una sensibilità acquisita, né spetta solo al governo e alle aziende muoversi.

Tuttavia, negli ultimi mesi abbiamo assistito a un radicale cambiamento di tono nel discorso pubblico a livello internazionale. Un passo avanti importante, speriamo di non essere solo spettatori. Prendi l'appello (*An Economy that Serves All Americans*) del Business Roundtable, l'organizzazione che riunisce i più grandi imprenditori e capi azienda americani. Un impegno, speriamo serio e solenne, a investire in attività sostenibili sotto il profilo ambientale e sociale cui è seguito il documento (*Fashion Pact*) dei grandi della moda – sollecitati del presidente francese Emmanuel Macron alla vigilia del G7 di Biarritz nell'agosto del 2019 – a favore della tracciabilità ecologica delle produzioni. Quasi una rivoluzione.

La celebre lettera di Larry Fink, numero uno di Blackrock, il più grande fondo di investimenti al mondo, nella quale spronava manager e azionisti a osservare con scrupolo i fattori Esg (*environmental, social and governance*), è già diventata un classico della letteratura green. Convegni, interviste, proclami. Rimango in attesa di vedere un *chief executive officer* spiegare agli azionisti – e specialmente ai fondi come Blackrock, il più grande investitore della Borsa italiana – che gli utili e di conseguenza i dividendi sono scesi per ragioni ambientali e sociali. E il responsabile di un fondo pensione raccontare ai suoi sottoscrittori che avranno assegni inferiori, coefficienti di trasformazione più bassi, ma potranno fregiarsi di un dividendo morale, di un attestato green. Un'amara realtà che sfugge a molti osservatori: è troppo facile avere un grande cuore ecologico con il portafoglio gonfio.

Il verde, insieme al rosa, è il colore che qualifica la nuova Commissione europea guidata da Ursula von der Leyen. E di sviluppo sostenibile ha parlato a più riprese, non solo nelle sue dichiarazioni programmatiche, il premier Giuseppe Conte. Tra l'altro facendo confusione tra il *green deal* delle von der Leyen e il *green new deal* proposto dai democratici americani. La Germania ha annunciato un ambizioso programma di investimenti nella protezione climatica e nell'economia circolare, L'Olanda ha costituito un fondo speciale, il *Dutch Fund for Climate Development*. Finanziandosi a tassi negativi ne faranno pagare il conto ai loro creditori. E via di seguito.

L'orizzonte è quello del 2030 e dei diciassette *Sustainable Development Goals* delle Nazioni Unite. Va dato atto a Greta Thunberg di aver scosso, con la sua prorompente ingenuità (come l'andare a New York e fare la traversata atlantica su una superbarca da miliardari a impatto zero), le coscienze annebbiate delle società occidentali, a testimonianza di quello che dicevo all'inizio. Lo ha fatto una ragazzina non ancora maggiorenne. Tutto ciò dovrebbe farci riflettere. Si distingue, in peggio, nell'attaccare Greta, parte della stampa italiana e un po' di quell'opinione pubblica che a torto la cataloga tra le «anime belle». Si applica, maldestramente, nei suoi confronti, un trattamento simile a quello riservato, soprattutto da parte leghista, a Carola Rackete. Tradotto: fai l'attivista a casa tua.

Detto questo, lungo il percorso assai complesso dell'*Agenda 2030* non possiamo dire nemmeno di essere gli ultimi. Lo ha fatto notare, con una certa efficacia e insistenza Enrico Giovannini, portavoce dell'Asvis, l'Associazione per lo sviluppo sostenibile. L'Italia nel 2018 è migliorata in alimentazione e agricoltura sostenibile, salute, educazione, uguaglianza di genere, innovazione, consumo e lotta al cambiamento climatico. Ma è peggiorata in cinque delle diciassette aree dell'*Agenda 2030*: povertà, condizione economica e occupazionale, disuguaglianze, vita nelle città ed ecosistema terrestre. Secondo il Rapporto *L'Italia del riciclo* (dati 2017) siamo però tra i riutilizzatori più efficienti nel vetro, nella plastica e nella carta. Migliori di altri paesi, come la Germania, nella quantità di scarti e rifiuti per ogni milione prodotto. Peccato che vi sia un modesto mercato del riuso che ci costringe a esportare parte dei rifiuti selezionati. Con crescenti difficoltà a venderli all'estero dopo il recente no all'importazione da parte della Cina.

Parliamo molto di economia circolare ma continuiamo ad avere un mercato del riuso troppo piccolo che vanifica molte buone abitudini industriali. E le rende persino inutili. Uno dei nostri tanti paradossi.

Restiamo, purtroppo, il paese che non riesce a trattare e a smaltire (anche per l'opposizione grillina ai termovalorizzatori) tutti i rifiuti urbani che produce. Ogni anno viaggiano in Italia 165 milioni di tonnellate di rifiuti delle nostre città su 1,7 milioni di Tir, secondo i dati Ecocerved del 2016. La svolta green dovrebbe nascere da qui. Da una presa di coscienza collettiva che è vergognoso, inaccettabile, che un paese civile non riesca a gestire i propri rifiuti. La raccolta differenziata è intorno al 50%, con ampi divari tra Nord e Sud. Milano è al pari di Vienna tra le città più virtuose. Ma se manca una vera coscienza civica è difficile che l'opinione pubblica prema sul mondo produttivo per accelerarne la sostenibilità, peraltro sempre più qualificante e necessaria per orientare, come si è visto, gli investimenti. Siamo ancora agli slogan.

Ora, nell'ambizioso programma della maggioranza giallorossa, la parola sostenibiltà ricorre più volte. Ed è giusto che sia così. Peccato non avere gli spazi fiscali di tedeschi e olandesi. Ma i buoni propositi vanno presi sul serio. Nella legge di bilancio del 2020, nonostante l'enfasi sull'economia circolare e sul *green new deal*, di risorse ve ne sono poche. Si è discusso a lungo dell'efficacia delle varie *plastic* o *sugar tax* (un po' di tregua sugli anglicismi, per favore) dimenticandoci del tutto, almeno inizialmente, del bonus verde.

Il progetto *green rule* dei Cinque Stelle, ammesso che sia ancora valido, vista la volubilità dei proponenti, dal costo complessivo di 44 miliardi – che dovrebbe essere scorporato dal calcolo del deficit (auguri) – prevede tra le tante altre cose, ripeto del tutto condivisibili, un «accompagnamento alla riconversione industriale anche attraverso misure sociali per i lavoratori e le imprese che dovessero trovarsi in difficoltà nella transizione». E qui si concentrano alcune minacciose nubi che il superficiale slancio italiano verso la sostenibilità sottovaluta o addirittura trascura.

Secondo il ministero dell'Ambiente i sussidi dannosi ammontano a 19,3 miliardi l'anno. Coerenza vorrebbe che si togliessero. Subito. Non solo, come è scritto in uno studio a cura di Stefano Olivari per l'Osservatorio sui conti pubblici dell'Università Cattolica, vige in Italia il criterio «chi inquina viene pagato». Assurdo. I certificati dell'*Emission Trading System*, ovvero il meccanismo di compravendita delle quote di Co_2, sono ceduti gratuitamente con una perdita di gettito stimata in 340 milioni l'anno.

Ora, immaginiamo che cosa accadrebbe se questi sussidi venissero cancellati tutti d'un colpo. Ne soffrirebbero l'agricoltura, la pesca, il trasporto. Si metterebbero in seria difficoltà piccole aziende, cooperative. I padroncini dell'autotrasporto, privati delle agevolazioni sul gasolio, è probabile che insorgerebbero (qualcuno ricorderà la protesta in Cile contro Salvador Allende). Non resterebbero tranquilli gli agricoltori cui verrebbe tolto lo sconto Iva sui fertilizzanti, né tantomeno i pescatori vedendosi cancellato il bonus sulle accise.

Che cosa ci dice tutto questo? La sensibilità per l'ambiente è in crescita. Ovunque. E dobbiamo impegnarci tutti. Il governo ha il dovere morale di provarci. Ma attenti all'eterna trappola del «politicamente corretto». Un conto è la prospettiva dell'investitore internazionale che guarda la realtà da un ufficio in un grattacielo e con le slide sotto gli occhi. Un'altra è la percezione del piccolo imprenditore, del coltivatore diretto, di colui che va al lavoro con la vecchia auto, inquinante certo, ma che non può permettersi una vettura elettrica, troppo costosa; del consumatore che si chiede perché debba essere lui a pagare di più una bottiglia d'acqua al supermercato per rendere più virtuoso il riciclo della plastica. E vale anche per gli alimenti con troppo zucchero.

La rivolta francese dei *gilets jaunes* è stata, al di là degli eccessi dei *casseurs* che alla fine l'hanno qualificata per i suoi aspetti più violenti, una reazione popolare alla lotta all'inquinamento pagata per primi dai più deboli. E si è tradotta in un rifiuto alla tassazione dei carburanti fossili. Se non so come sbarcare il lunario non mi importa un fico secco che la mia auto inquini, basta che mi porti al lavoro.

In sintesi: se si pensa di far crescere una sensibilità collettiva agendo solo sul lato fiscale e, magari come vagheggia qualcuno anche nell'attuale governo, aumentando le tasse sulle merendine o le bibite gassate perché frutto di cattive abitudini, commettiamo un fatale errore. Perché sarebbero chiamati gli strati più popolari a pagare la svolta, senza comprenderne a fondo le ragioni. Mentre gli strati più abbienti accorrono a comprare costose auto elettriche, ad acquistare prodotti biologici e a guardare con sospetto crescente chi ha ancora la vettura euro 4 e si delizia di junk food a buon mercato. E non sta lì tanto a guardare se l'olio di palma faccia bene o male. Perché in Tv – ed è questo un altro paradosso – c'è chi dice che lo ha messo al bando e subito dopo, nello spot successivo, chi si vanta di usarlo. Boh.

12. Finanza e banche

Caro Ferruccio,

siamo arrivati fin qui nel nostro discorrere sull'Italia e sulle sue possibilità di sviluppo e non abbiamo ancora affrontato l'argomento «finanza e banche». Eppure, secondo un'opinione molto diffusa in Italia, l'ingrediente fondamentale dello sviluppo è il credito, e il credito lo fanno le banche. Quindi, si dice, le banche devono essere meno avare coi prestiti, soprattutto nei confronti delle imprese piccole, soprattutto nelle aree disagiate come il Mezzogiorno. Alcuni arrivano e invocare la creazione di banche pubbliche, svincolate da vincoli di economicità, che badino soltanto a stimolare la crescita.

Ecco, questo modo di pensare mette insieme due errori fondamentali, da matita blu avrebbero detto i maestri di Sebastiano, il nonno di Elisa.

Il primo e più importante errore è credere che lo sviluppo economico si ottenga col credito. No, si ottiene con il saper creare beni e servizi sempre nuovi e appetibili. Nel 1995 il grande storico Carlo M. Cipolla scrisse una frase divenuta famosa: «Noi siamo un popolo che non può permettersi di fermarsi, di accontentarsi di facili successi. Dobbiamo sempre inventare cose nuove che piacciano e che quindi si vendano fuori dei confini». Ecco, occorre quella certa capacità per svilupparsi, per tenere il passo della modernità e dei concorrenti esteri.

Ottenere del credito è naturalmente importante. Nel 2014 fu pubblicato un libro che ebbe grande diffusione in tutto il mondo e che suscitò accese discussioni: *Perché le nazioni falliscono*, di due studiosi americani, Daron Acemoglu e James A. Robinson. Il libro ambiva a fornire la spiegazione ultima del perché, nel corso dell'intera vicenda umana, alcune comunità o nazioni avessero prosperato economicamente e altre no, anche a parità di caratteristiche geografiche e di dotazioni naturali. La spiegazione offerta dagli autori stava nella qualità delle istituzioni nazionali costruite nel tempo e dei processi politici che le avevano generate. In un capitolo del loro libro Acemoglu e Robinson descrissero l'essenza dello sviluppo economico. Il titolo stesso del capitolo la riassumeva così: «Come farsi venire un'idea, fondare un'impresa e ottenere un prestito».

Questa massima di saggezza mette i tre ingredienti dello sviluppo nel giusto ordine. Prima è necessaria l'innovazione, poi la capacità imprenditoriale, infine le risorse finanziarie, che si suppone l'inventore/imprenditore non abbia al momento di lanciare la nuova iniziativa. Ma, attenzione, la finanza necessaria per lo sviluppo è quella destinata a nuove idee o nuove imprese. Le vecchie idee e le vecchie imprese possono certo aver bisogno di denaro in prestito ma non è con quelle che un'economia cambia marcia e ne ingrana una di sviluppo accelerato.

Ora, e qui viene il secondo errore di chi invoca più credito e banche più generose, il primo tipo di finanza non sono le banche a doverla fornire, ma il mercato e soprattutto intermediari finanziari diversi dalle banche. Le banche nel senso tradizionale del termine devono essere avverse al rischio, perché investono denaro non proprio ma prestato loro dai risparmiatori/depositanti. Idee e imprese nuove sono particolarmente rischiose, non è compito delle banche finanziarle. Occorrono intermediari specializzati, come i fondi di capitale «di ventura» (*venture capital*) o di quel capitale che in italiano si potrebbe definire «concentrato» (*private equity*); essi finanziano, e in qualche caso cogestiscono, l'impresa acquisendone una parte di proprietà. Questi fondi sono molto diffusi nei paesi avanzati e dinamici, molto meno in Italia.

Le banche sono più adatte a finanziare l'ordinario funzionamento di imprese già esistenti, per la produzione di beni e servizi già consolidati sul mercato. Mestiere sicuramente rischioso anch'esso, per svolgere il quale occorrono capacità ed esperienza. Ricordiamoci che le banche, quando fanno il loro lavoro tradizionale (non, quindi, quando agiscono ad esempio da gestori del risparmio privato), hanno, da un lato, come clienti, coloro a cui danno prestiti (imprese e famiglie); dall'altro, come fornitori, per dire così, i depositanti. Devono al tempo stesso soddisfare fornitori e clienti. I primi vogliono il rendimento più alto possibile sui loro depositi ma soprattutto sicurezza, quella che il loro denaro sia sempre lì, ritirabile a volontà; i secondi vogliono pagare il servizio loro venduto (il prestito) il meno possibile, al tempo stesso fornendo sul proprio conto meno informazioni possibili: proprio quelle informazioni che servono alla banca che presta loro del denaro a capire se il prestito sarà onorato e che pertanto servono a dare sicurezza ai depositanti/fornitori. Contemperare queste esigenze in modo profittevole è il mestiere della banca.

Domandiamoci se le banche italiane hanno fatto bene o male questo mestiere nel corso degli anni. Diciamo che fino agli anni Novanta le banche italiane somigliavano molto a come alcuni vorrebbero che tornassero a essere: degli uffici similministeriali, che fanno credito a pioggia, ma naturalmente in misura molto maggiore a chi ha legami politici. Poi sono state più o meno privatizzate, mantenendo però forti agganci con le comunità locali e con la politica locale nel caso di molte banche popolari e di quelle di credito cooperativo.

Gli anni più recenti non sono stati facili per nessun sistema bancario al mondo, ma quello italiano ha sofferto in misura maggiore. La crisi finanziaria scoppiata negli Stati Uniti nel 2007-2008, ha rapidamente contagiato il mondo intero e ha scatenato una severa recessione in molti paesi, a cui in Europa si è aggiunta, nel 2009-2011, la crisi cosiddetta dei «debiti sovrani» che ha scavato un altro buco nelle economie reali. L'Italia è stata colpita dalla doppia recessione più gravemente e lungamente di tutti i paesi avanzati, per le ragioni strutturali di cui stiamo discutendo: in altri termini ci siamo ammalati come tutti ma abbiamo patito di più perché la nostra fibra era già debole. Abbiamo perso 9 punti di Pil, un quarto di produzione industriale, un milione di posti di lavoro.

Molte imprese sono fallite, molte famiglie sono andate sott'acqua, e i prestiti loro concessi dalle banche si sono «deteriorati», sono diventati «sofferenze», ovvero *non performing*, insomma i debitori hanno smesso di pagare. Nel 2015, anno culmine della doppia crisi, questi prestiti andati a male erano in Italia, nella media dell'intero sistema bancario, oltre il 16% del totale, contro il 3-4% di Germania e Francia. Conseguentemente, diverse banche italiane sono andate in crisi. Le più grandi e note sono Monte dei Paschi di Siena e Carige; poi ci sono le quattro banche alfine poste in «risoluzione» secondo le nuove norme europee, la cui parte sana è stata ceduta, a seguito di una procedura concorrenziale, a Intesa Sanpaolo. Nessuna di loro è stata «liquidata» secondo le vecchie norme italiane, nessun depositante ha perso soldi, ma molti azionisti e obbligazionisti hanno sofferto perdite. Vi sono state reazioni rabbiose da parte delle persone coinvolte e le conseguenze politiche non sono tardate.

Si è posta la seguente questione: è dipeso tutto dalla recessione, quindi era inevitabile, oppure c'erano anche difetti nelle leggi nazionali e nei controlli pubblici, in particolare nella vigilanza della Banca d'Italia?

Intanto ricordiamoci perché mai occorrano controlli pubblici sulle banche anche se sono private. Il settore finanziario è sottoposto a regolazione pubblica in tutto il mondo perché le banche, maneggiando la fiducia dei risparmiatori minuti, possono per essi creare rischi indebiti: la tutela contro tali rischi è un bene pubblico. Ciò è all'origine della regolazione finanziaria in tutti i paesi. In Italia la regolazione e la vigilanza sui soggetti finanziari principali, le banche, l'ha fatta la Banca d'Italia per decenni. Tuttavia di vigilanze ce ne sono due e questo è un punto che forse la Banca d'Italia stessa non ha capito per tempo. C'è innanzitutto una vigilanza di stabilità, discendente dalla funzione originaria della regolazione finanziaria: l'idea è che il vigilante, il regolatore, debbano assicurarsi che le singole banche siano gestite in modo sano e prudente, affinché siano stabili e non falliscano, perché questa è la tutela principale dei risparmiatori. Essi affidano i loro risparmi alle banche; se una banca fallisce, possono perdere il loro denaro.

Ma c'è anche una seconda vigilanza, quella detta di tutela della correttezza dei rapporti fra banca e cliente. Per chi si è occupato della vigilanza di stabilità lungo i decenni, la vigilanza di tutela è stata a lungo meritevole di attenzione solo secondaria, anzi è stata quasi vista come un ostacolo alla stabilità. Per dirla in parole povere, secondo questa visione (a mio parere distorta) se una banca carica sui depositanti alte commissioni, oppure paga interessi più bassi di quelli che dovrebbe, estrae risorse dai risparmiatori e diviene essa stessa più redditizia, quindi più solida e stabile. Ciò che questo modo di pensare trascura è l'effetto reputazione. Una banca può anche comportarsi ai limiti della scorrettezza o addirittura scorrettamente con i suoi depositanti e clienti, ma prima o poi la paga; può correre a quel punto seri rischi di stabilità e mettere in difficoltà i suoi controllori. La vicenda delle quattro banche «risolte» lo dimostra.

In Italia la vigilanza sulla condotta di mercato delle banche è stata per legge frammentata fra due diversi soggetti: la Banca d'Italia ne aveva un pezzo; un altro pezzo, molto più importante, lo aveva la Consob. Anche se chi doveva fare cosa poteva essere chiaro sulla carta, occorreva una forte cooperazione fra le due istituzioni che c'è stata solo in parte. Poi, a un certo punto, il bubbone è scoppiato. La situazione legislativa è rimasta la stessa, incentrata su due istituzioni, la cooperazione fra Consob e Banca d'Italia dovrebbe ora essere regolata da una diversa convenzione, speriamo bene. È andata nel frattempo aumentando la consapevolezza da parte della Banca d'Italia dell'importanza della vigilanza di correttezza anche dal punto di vista della stabilità delle banche. Secondo la mia personale opinione va fatto di più.

13. Ma la finanza non dorme mai

Caro Salvatore,

non c'è dubbio che in Italia viviamo di luoghi comuni e facili spiegazioni, spesso autoconsolatorie. La colpa è sempre degli altri. Noi, la nostra persona, la nostra azienda, la nostra comunità siamo per definizione immacolati. Vittime. Anche la finanza è oggetto di eccessive semplificazioni e tanti pregiudizi. Al netto di tutte le sue responsabilità, di cui parleremo, dei disastri bancari (tutti inevitabili?) e dell'esplosione dei prodotti derivati (dalla quale siamo stati relativamente immuni, forse per ignoranza), l'attività finanziaria è vista nel tessuto popolare con un sentimento misto. Di ammirazione e di invidia per coloro che ne fanno parte: gli eletti. Una sorta di *inner circle* che si esprime con termini iniziatici, in grado di comprendere le sottigliezze tecniche di *Margin Call*, il film sulla crisi finanziaria del 2007-2008, interpretato da Kevin Spacey, oscuro nella sua trama alla maggior parte degli spettatori. Ma Spacey era bravissimo nel dare corpo al banchiere algido e spietato. E il #metoo, in quel film, aveva solo valenze di portafoglio, tutt'altro che sessuali. Anzi, la figura del finanziere abile e spregiudicato suscitava una sorta di malcelata invidia.

Perché ancora oggi si pensa che fare i soldi dai soldi sia più frutto delle conoscenze, della furbizia elevata al quadrato, che dell'avidità e della bramosia del potere nell'ignoranza delle regole. Non a caso nel paese in cui ogni anno si scommettono al gioco (solo legale) più di 100 miliardi, la tendenza prevalente, nel decidere i propri investimenti, è quella del consiglio dell'amico o del parente, che si spera abbia accesso agli arcani misteri della finanza o soltanto alla filiale della banca locale. Non della consulenza dell'esperto, del ricorso al risparmio gestito. Non a caso un posto in banca o in una finanziaria rimane tra i sogni delle famiglie italiane per i loro figli. Gli stessi, padri, madri e figli, che poi votano contro i poteri forti della finanza.

Ed ecco affiorare l'altra faccia del sentimento popolare: una radicata avversione nei confronti del sistema finanziario in generale. Un atteggiamento che sfiora il disprezzo. Un umore nero che si unisce a un sospetto diffuso: chi governa i capitali si sente così al di sopra di ogni regola democratica da poterla evadere o calpestare. Anzi, lavora sottotraccia per sovvertire il responso popolare quando questo non va nella direzione desiderata. Un *refrain* che ha caratterizzato per lustri il centrodestra italiano (il famoso e già citato complotto del 2011). Un sospetto che alberga a sinistra da decenni e alimenta le strane teorie di alcuni Cinque Stelle. Ma è anche il carburante del sovranismo a varie latitudini, da Maduro a Orbán. Con derive pericolose, persino antisemite.

Si dirà: ma questo è quello che pensa la gente meno informata, magari condizionata dalla spazzatura che gira in Rete, il frutto avvelenato di tante generalizzazioni! Non il pensiero degli imprenditori, degli operatori economici più avvezzi all'uso di strumenti finanziari. Ne siamo sicuri? Io credo – e prendila, caro Salvatore, come una provocazione verso il mondo industriale e una critica anche al ruolo dei regolatori – che pure tra gli imprenditori i pregiudizi sulla finanza siano duri a morire. Forse perché il nostro sistema industriale è stato ed è ancora troppo bancocentrico. E guarda alla quotazione sul mercato dei capitali essenzialmente come a un'opportunità per la valorizzazione immediata della propria azienda. A beneficio della famiglia e degli azionisti più che a sostegno nel tempo della crescita, anche dimensionale, dell'azienda. Io non so se, come dici tu, le buone idee trovino sempre un finanziatore. Ho qualche dubbio.

Certo il credito non basta. Non crea il progetto, né lo sviluppa. Ma i soggetti cosiddetti «non bancabili» si sono moltiplicati negli ultimi tempi, soprattutto i giovani che non hanno un lavoro stabile. Gli istituti bancari finanziano chi ha un rating. Sostanzialmente i soliti noti. Gli altri si rivolgano pure al *private capital*, usino altri strumenti di finanza alternativa. Il nostro paese per la verità incoraggia il *venture capital*, il *private debt* e altro, ma sono formule costose. Le regole sui requisiti di capitale, unite alla selezione dei meritevoli di credito attraverso algoritmi sono assai rigide e penalizzanti.

Un algoritmo non avrebbe mai finanziato Enzo Ferrari che voleva costruire macchine da corsa tra le macerie della Seconda guerra mondiale. Un pazzo. Con le attuali norme che imbrigliano il credito, Raffaele Mattioli non sarebbe mai diventato un grande banchiere, né la Commerciale, e non solo, il motore dello sviluppo che conosciamo. Basta leggere il bellissimo libro di Sandro Gerbi *Mattioli e Cuccia: due banchieri del Novecento* (Einaudi) per avere un'idea precisa di quanta importanza avesse per un imprenditore il rapporto personale, anche se non sempre felice, nel decidere gli investimenti, nel partecipare al rischio.

Il cosiddetto miracolo economico è dovuto anche a questo. C'era uno spirito condiviso del progresso, la voglia comune di riscatto dopo una dittatura e una guerra.

Ovviamente le relazioni personali potevano – e accadde – degenerare. E forse ciò ha irrobustito un costume di cui oggi paghiamo le conseguenze. Non sono pochi gli imprenditori i quali pensano che la banca, soprattutto quella del loro territorio, debba essere al servizio delle loro imprese. Sempre e comunque. Indipendentemente dal merito del credito. A maggior ragione se partecipano al capitale.

Il conflitto d'interessi non è stato mai un problema. E la concessione di fidi è stata considerata a volte alla stregua di un servizio universale. Quasi la banca fosse un acquedotto. Sfugge la considerazione, assai banale, che il cattivo credito distorce la concorrenza. E, ovviamente, mette in pericolo la solidità dell'istituto che, essendo vigilato, è come se fosse (agli occhi degli *stakeholders*) amministrato dal regolatore. Così quando la banca salta, i protagonisti locali, amministratori, dirigenti, persino clienti, trovano ampie giustificazioni. Al di là delle colpe e dei ritardi degli organi di controllo, interno ed esterno. Prevale una giustificazione autoassolutoria. La nostra banca era ricca, altri l'hanno depredata. «Dov'era la Banca d'Italia?». «Dov'era la Bce?». Pregasi fare un giro nel Nord-Est per rendersi conto che questa è, come si dice adesso, la narrazione prevalente.

Naturalmente la finanza ci mette del suo nel confermare i pregiudizi. E nel dare corpo alle ambiguità sul suo ruolo. Lasciamo perdere i bonus, le buonuscite milionarie degli amministratori. Ma, per esempio, come si fa a conciliare il perseguimento dei fattori Esg con liquidazioni astronomiche e differenze abissali nelle retribuzioni e con un *gender gap* scandaloso?

Le crisi bancarie italiane hanno coinvolto, purtroppo, anche migliaia di risparmiatori ai quali sono state vendute obbligazioni strutturate e rischiose non adatte alla clientela la cosiddetta *retail*. Si fidavano della propria banca e dei funzionari agli sportelli, una sorta di medici del risparmio, a volte persino amici. Ma questi signori, che hanno venduto titoli rischiosi per i quali oggi è prevista una dubbia procedura di rimborso, erano incentivati a farlo? Premiati? E queste consuetudini proseguono per esempio nel collocamento, nei portafogli delle gestioni, di titoli e attività della stessa casa? Le muraglie cinesi sono forse una finzione? Sono solo alcuni interrogativi. Ne avrei tanti altri. L'ultimo: ma come è possibile che un dirigente bancario, non irreprensibile per il proprio comportamento etico, venga poi assunto da un concorrente una volta licenziato? L'abilità fa premio più della moralità. Poi se crescono nel pubblico i pregiudizi non lamentiamoci.

Concludo con un'annotazione di sistema. Il nostro paese è una specie di Eldorado per il mercato dei crediti in sofferenza, i cosiddetti *non performing loans*. Si è ingigantito un settore finanziario, in gran parte controllato dall'estero, che guadagna, anche in doppia cifra, sullo smaltimento dei crediti inesigibili (ultimamente anche *unlikely to pay*). Sostanzialmente prospera sulle crisi bancarie e i sottostanti fallimenti aziendali.

Nello stesso tempo siamo considerati uno dei mercati più promettenti in assoluto per il *private equity*. Anche in questo caso i ritorni sono straordinariamente elevati. Si promettono alle famiglie imprenditoriali multipli che la Borsa mai riconoscerebbe. A volte è meglio così: le famiglie sono divise, litigiose, incapaci di guardare allo sviluppo delle imprese. In altri casi l'esigenza di *ways out* ravvicinate del veicolo finanziario debilita l'azienda in una corsa affannosa e di corto respiro. È un settore, quello del *private equity*, che avrà anche dei meriti. Non discuto. Ma incoraggia la tendenza al ritiro di famiglie imprenditoriali che poi spesso, con i loro pingui *family offices*, investono un po' in tutto il mondo ma non nel territorio che li ha visti crescere e affermarsi. Questa è definita la finanza per la crescita. Qualche dubbio mi rimane.

Forse è anche la finanza del disimpegno. Una società molto patrimonializzata, che investe poco, e soprattutto altrove, è destinata a radicare i pregiudizi sulla finanza, e non solo, e a nutrire il populismo.

14. Eppure l'Italia è un paese ricco...

Caro Ferruccio,

parlar male dell'economia italiana, della politica italiana, della società italiana è facile e consolatorio. Nell'Europa continentale, fra i paesi di grande dimensione veniamo distanziati da Francia e Germania, sentiamo il fiato sul collo della Spagna. Insomma siamo in bilico fra ricchezza e povertà, fra prosperità e declino. Anche noi due non ci siamo finora tirati indietro, ne abbiamo dette di tutti i colori per rimarcare ritardi, inadeguatezze, ingiustizie, inefficienze. Tutto vero, tutto giusto. Eppure l'Italia è (ancora?) un paese ricco, un paese avanzato: di sicuro non è la Libia delle lotte tribali e dei mercanti di morte, non è la Siria dilaniata dalla guerra civile. E non è neanche la Grecia o l'Argentina, per citare due paesi che si arrabattano sulla scena mondiale. Ma a ricordarlo si viene guardati male, come sognatori o come fiancheggiatori del governo di turno, che per dovere d'ufficio deve fare pubblicità alle magnifiche e progressive sorti del territorio che si ritrova ad amministrare.

Tuttavia noi sentiamo di essere, come abbiamo dichiarato all'inizio delle nostre riflessioni, «credenti nella ragione», dunque dobbiamo sforzarci di ricercare la verità dei fatti e dei dati, di non avere partiti presi che ci inducano ad artefarli. Elenco allora alcuni freddi dati relativi all'anno scorso, tratti dalle pubblicazioni di un organismo serio come il Fondo monetario internazionale: l'Italia, ventitreesima per popolazione, è ottava per valore dei beni e servizi prodotti e anche nel risultato degli scambi col resto del mondo (escludendo Russia e Arabia Saudita che esportano prevalentemente fonti di energia); abbiamo circa 60 milioni di abitanti, produciamo per l'equivalente di oltre 2.000 miliardi di dollari, abbiamo un avanzo nelle partite correnti della bilancia dei pagamenti di oltre 50 miliardi di dollari, cioè esportiamo beni e servizi più di quanto importiamo. Non male, no?

Il problema non sta tanto in ciò che siamo rispetto agli altri paesi del mondo, quanto nel capire se siamo capaci di mantenere e magari migliorare la nostra posizione relativa, oppure se stiamo inesorabilmente scivolando indietro. La storia secolare del nostro paese ci offre interessanti spunti di riflessione. Il territorio italiano ha messo in scena nel corso dei secoli episodi alternati di sviluppo e declino della sua economia.

Nel Rinascimento albergava da noi la punta di eccellenza della capacità produttiva e del benessere nel mondo allora conosciuto. Tre secoli dopo l'Italia era povera e arretrata secondo ogni parametro e confronto. Tre secoli di declino continuato. Un precedente inquietante.

L'unità politica quasi centosessant'anni fa innescò un processo di amalgama istituzionale e di parziale integrazione. Arrivò il quindicennio d'oro 1898-1913, in cui si avviò l'industrializzazione del paese: il tasso medio annuo di crescita del prodotto interno lordo fu del 2,5%, quello del prodotto per abitante dell'1,7, più che raddoppiato rispetto ai decenni precedenti. Le energie sprigionate in quegli anni permisero all'Italia di colmare parte del divario economico rispetto ai paesi-guida. Di più: tra la fine del XIX secolo e la Prima guerra mondiale l'Italia, sotto la guida di Giovanni Giolitti, attraversò una profonda trasformazione demografica, istituzionale, politica.

Fu quello il periodo *clou* dell'emigrazione dal nostro paese. Tra il 1901 e il 1913 lasciarono l'Italia oltre 8 milioni di uomini, donne e bambini. Al netto dei rimpatri, l'emigrazione di quel periodo equivalse a oltre il 15% della popolazione residente alla vigilia della guerra, esercitando un forte effetto di attenuazione di una pressione demografica che diventava intensa.

Sui terreni istituzionale e politico furono varate norme che fecero fare all'Italia un balzo enorme nella modernità del tempo: si introdussero tutele minime del lavoro, soprattutto minorile; si innalzò l'età dell'obbligo scolastico e l'analfabetismo in vent'anni si dimezzò; si decretò il suffragio universale (peraltro solo maschile).

Fra i tanti indicatori quantitativi utili a illustrare il progresso compiuto in quegli anni ce n'è uno dal forte valore simbolico: nel 1913 la produzione nazionale di locomotive giunse a coprire due terzi della domanda interna, mostrando una sofisticazione tecnica paragonabile, quando non superiore, a quella che potevano vantare i prodotti dei paesi di più antica industrializzazione. La locomotiva era, appunto, il simbolo del progresso tecnico dell'epoca; come stava per diventare l'automobile; come sarebbe diventato il computer. Come se al giorno d'oggi Apple e Samsung fossero italiane.

Poi vennero, col fascismo, anni di illusoria *grandeur* geopolitica ma di intensa difficoltà economica, fino alle immani distruzioni della Seconda guerra mondiale.

Negli anni Cinquanta e Sessanta del secolo scorso sopraggiunse una nuova fase di rapida ascesa economica e sociale, al punto da far gridare al «miracolo», tanto basso era il punto da cui si era partiti subito dopo la guerra. La demografia giocò ancora un ruolo importante. Riprese l'emigrazione all'estero: dal 1948 al 1973 lasciarono l'Italia 7 milioni di persone; il flusso fu, in proporzione alla popolazione residente, decisamente meno intenso di quello al volgere del secolo: poco più di 5 per mille abitanti l'anno, contro i 18 nel periodo precedente. Stavolta vi si unì un vistoso fenomeno di migrazione interna, dal Sud al Nord.

La struttura dell'occupazione mutò radicalmente: l'Italia perse definitivamente la sua connotazione di paese largamente contadino, la quota degli addetti agricoli crollò dal 44 al 16%, a vantaggio dell'industria ma anche del settore terziario, che divenne predominante nell'economia italiana. La produttività del lavoro salì sia nell'agricoltura, sia nell'industria: l'abbondante forza-lavoro a bassa specializzazione e a basso costo proveniente dalle campagne, specie meridionali, era particolarmente adatta al modello fordista di produzione ormai diffuso nelle fabbriche italiane, concentrate al Nord.

Tra il 1951 e il 1973 il prodotto pro capite aumentò in media ogni anno di oltre il 5%, la produttività del lavoro di quasi il 6%. Sono i migliori risultati di sempre nella storia postunitaria del paese.

Stavolta a sospingere la crescita fu la dinamica della produttività totale dei fattori, più che l'accumulazione dei fattori produttivi: con un aumento medio annuo del 3,3%, la prima (che, lo ricordo, misura la capacità tecnologica e organizzativa delle unità produttive) spiega oltre metà della crescita del prodotto italiano in quei fatidici ventidue anni, la vera età dell'oro dello sviluppo economico del secolo scorso, in Italia e in Europa. I guadagni di efficienza derivanti dal progresso tecnico e organizzativo scaturirono soprattutto dallo sfruttamento delle economie di scala e dall'adattamento di tecnologie in larga parte importate dagli Stati Uniti.

L'assetto interno e internazionale emerso dalla guerra fu particolarmente propizio al *catching-up* della nostra economia nei confronti di quelle più avanzate. L'apertura al commercio internazionale spalancava i mercati esteri a un'industria manifatturiera favorita dai bassi salari. L'adesione al sistema monetario internazionale di Bretton Woods, creato alla fine della guerra, avvenne a una parità sottovalutata che favoriva la competitività dei produttori nazionali e il trasferimento di risorse dai settori più tradizionali verso quelli che producevano beni commerciati internazionalmente.

Un tale processo storico in due stadi, come quello seguito dall'economia italiana nei cent'anni intercorsi fra la fine dell'Ottocento e la fine del Novecento – dapprima dotarsi di capitale e lavoro adatti e sufficienti a far decollare lo sviluppo, poi puntare sugli incrementi di efficienza dei fattori produttivi –, lo si ritrova in molte altre economie avanzate. In Italia negli anni del «miracolo» si stabilì anche una proficua interazione tra l'importazione di conoscenza tecnologica dai paesi in cui essa si formava e la capacità di tradurla in innovazioni domestiche, a beneficio della produttività.

Gli ultimi tre decenni del secolo scorso appaiono dai dati economici né di miracolo né di declino: piuttosto di turbolenze, di squilibri, di faticose rincorse. Ma in quei decenni si è determinata, probabilmente anche a causa del clima politico-sociale agitato del tempo, quella mutazione del nostro sistema produttivo che lo ha reso inadatto a profittare del cambio di paradigma tecnologico che andava avanzando nel mondo, dall'elettricità al digitale. Una mutazione che ha indotto molte imprese a rinunciare a crescere nella dimensione anche quando ne avevano l'opportunità.

Infine viene il periodo recente, diciamo approssimativamente gli ultimi vent'anni. Ci si poteva aspettare una terza fase di propulsione dello sviluppo nell'Italia unita, dopo la *belle époque* e il «miracolo»; una fase alimentata dall'improvviso spalancarsi dei mercati di esportazione, dall'irrompere di nuove tecnologie foriere di efficienza. Invece è iniziato un lungo periodo di crescita stentata, di ristagno, di affanno competitivo e produttivo. Ne abbiamo già parlato.

Tuttavia, in Italia si inventano e si producono cose belle e alla frontiera della tecnologia e del gusto. Basta farsi un giro per imprese, come tu e io abbiamo tante volte fatto, per rendersene conto. Certo, si è aperto un «grande golfo» fra imprese che inventano e producono cose belle e imprese che lottano per sopravvivere. Ma intanto le prime ci sono, la capacità di competere alla pari coi giganti del mondo rimane. Non tutto è perduto. Ed è per questo che stiamo qui a scervellarci su che cosa occorra pensare e fare per scongiurare la decadenza, il declino, chiamiamolo come vogliamo, ma comunque quello scivolare indietro, quell'impoverirsi materiale e morale, che l'Italia ha già dolorosamente vissuto nel Seicento e nel Settecento.

15. Ricchi inconsapevoli e poveri di spirito

Caro Salvatore,

è vero, siamo un paese ricco che forse non sa di esserlo. O forse lo sa benissimo. Ostenta la propria agiatezza (tutte le auto da 50 mila euro in su sono di possessori che denunciano un reddito adeguato? Mah). Dissimula il proprio patrimonio. Il sostanziale fallimento del reddito di cittadinanza che costa, per fortuna, meno del previsto rivela un'Italia (grazie al nero?) non così indigente. Ci piangiamo un po' troppo addosso? È vero. Io direi di più: siamo affetti da un'imperdonabile tendenza all'autoflagellazione che però – ecco un altro dei tanti paradossi – non si traduce in una forma di riscatto collettivo. Perché lo Stato è un'altra cosa. Un'entità astratta. Lontana da noi. Estranea. E il parlar male del contesto nazionale (non locale) nel quale si vive, caricandolo di negatività, è un modo assai semplice per assolvere sé stessi. Per allontanare il peso delle proprie responsabilità.

Non solo: è una leva impropria di quello che io chiamerei il marketing individuale, professionale o aziendale, ai danni del paese. Mi spiego meglio: gran parte delle classifiche internazionali, Banca mondiale, World Economic Forum ecc., sono realizzate attraverso interviste, *surveys*. Il peso dei dati oggettivi conta fino a un certo punto. Conta di più quello che gli intervistati, ovviamente italiani, dicono del loro paese. Tu ne sai certamente più di me. E mi potresti anche dire perché l'*establishment*, il mondo della cultura economica, non ha mai reagito. Passivo.

Vorrei raccontarti una piccola esperienza personale. The European House Ambrosetti da anni conduce un'inchiesta (nel comitato scientifico c'è anche Enrico Giovannini, oltre al sottoscritto) che si traduce nella pubblicazione del *Global Attractiveness Index*. Un indice ponderato su vari aspetti della nostra economia e della nostra società dal quale risulta una buona capacità di innovazione e una discreta resilienza, chiamiamola pure adattabilità. Nel 2019 eravamo al sedicesimo posto. Subito dopo la Svezia, prima di Belgio, Spagna, Danimarca, Norvegia. Una posizione molto diversa e più incoraggiante rispetto a quella del Rapporto *Doing Business* della Banca mondiale, che nella classifica del 2019 ci ha visto scivolare di cinque posizioni, al cinquantunesimo posto, battuti anche da Macedonia e Ruanda.

Che cos'è emerso dal lavoro di ricerca sul modo attraverso il quale vengono raccolti più che i dati le opinioni sull'Italia? Una cosa che mi ha molto sorpreso. Partecipano a quelle classifiche internazionali anche studi professionali pressoché sconosciuti, imprenditori marginali, esponenti poco rappresentativi di vari settori, selezionati non si sa come. Accanto ovviamente alle grandi istituzioni.

Chi ha la responsabilità all'estero di scattare una fotografia del paese si basa certamente su dati accreditati, ufficiali – e qui non c'è alcun dubbio –, ma poi nel condurre interviste, raccogliere opinioni, prende ciò che è più facilmente disponibile. Non immune dalla tentazione di veder confermati i propri pregiudizi. Ma la colpa è solo nostra. Agiamo in ordine sparso. Non vi è una strategia comune tra le varie organizzazioni per raccontare gli aspetti migliori del nostro paese. Singapore, che è da anni in testa a quasi tutte le classifiche, ha elaborato un metodo, diciamo di *window dressing*, di lucidatura del meglio, che vende agli altri. E, infatti, il Kenya è un esempio di rapida scalata delle classifiche. Al di là dei meriti.

Gli altri hanno – specialmente le nazioni emergenti – una *task force* che cura ogni dettaglio, prepara chi dovrà rispondere alle domande. Un esercito di risponditori. Abbiamo proposto di istituire un *mister ranking* (per ragioni di parità di genere dovremmo anche chiamarlo in altro modo). Niente da fare. Qualche progresso c'è stato. Ma di strada ce n'è ancora molta. Così sembriamo un paese che in tema di sicurezza è meno raccomandabile del Nicaragua o con un grado di libertà di stampa inferiore a Burkina Faso e Suriname.

Ma io mi scandalizzo di più per altri aspetti: per l'attitudine, squisitamente italiana, di promuovere sé stessi, il proprio studio, la propria azienda, ingigantendo le diseconomie esterne che pur ci sono e sono gravi. Oppure – ed è anche peggio – sottovalutare l'importanza dei questionari (sono sempre noiosi) lasciandoli compilare all'ultimo arrivato.

Gli italiani danno del loro paese un giudizio peggiore rispetto a quello assegnato dagli stranieri. Non ci rendiamo dunque conto delle infinite potenzialità italiane. Come scriveva Carlo Emilio Gadda, l'Italia è il solo paese che pratica «la porca rogna dell'autodenigrazione». Nella quale, nota Giorgio Ruffolo in un bellissimo libro, che riprende le tue note storiche (*Quando l'Italia era una superpotenza*, Einaudi), cadde anche Giacomo Leopardi nel suo celebre scritto sui costumi degli italiani.

Tu hai giustamente concentrato l'attenzione sugli aspetti economici, sulle ricchezze nascoste del paese. Il rapporto tra patrimonio e reddito degli italiani è pari a otto volte, superiore a quello americano (sette volte). Lo Stato, invece, è fortemente indebitato. Ma, come dicevamo all'inizio, questo non inquieta nessuno. Né i governanti né i singoli cittadini. Le famiglie sono molto (troppo?) capitalizzate. Hanno un debito in rapporto al reddito di circa il 60%, molto inferiore alle inglesi, per esempio. Le imprese sono assai meno capitalizzate. Ed è un problema, anche se ultimamente appaiono gonfie di liquidità. Risparmiano più del necessario, investono in generale meno di quello che sarebbe auspicabile.

Lo Stato è gravato da un debito pubblico che i cittadini non sentono proprio. Ma nonostante tutto, come il mitico calabrone che vola sfidando le leggi della fisica, l'Italia è più ricca di primati e potenzialità. Non li conosciamo oppure li sottovalutiamo.

Non abbiamo mai esportato così tanto, come nel 2017, anno in cui abbiamo venduto all'estero prodotti e servizi per 448 miliardi. Per oltre 900 prodotti l'Italia si colloca sempre ai primi tre posti per esportazioni. Il valore aggiunto del solo settore agroalimentare è tre volte quello dell'automotive di Francia e Spagna. Siamo leader mondiali nella produzione agricola biologica, nelle piastrelle, negli occhiali da sole. Siamo il primo produttore di superyacht. Primi per surplus manifatturiero nelle navi da crociera e nelle barche da diporto.

Ma usciamo dall'economia. Abbiamo l'aspettativa di vita alla nascita tra le più alte del mondo. Siamo davanti alla Germania per lo stato di salute della nostra popolazione anche se purtroppo nel *Bloomberg Healthiest Country Index* abbiamo perso nel 2019 il primato a favore della Spagna. Gli italiani sono meno depressi degli abitanti dei paesi più ricchi. Secondo una statistica Ocse, aggiornata al 2018, le dosi quotidiane di antidepressivi per mille abitanti sono solo 51, l'Islanda è a 145, il Canada a 114. Siamo fortunatamente agli ultimi posti. I paesi più felici al mondo, secondo il *World Happiness Report* sono quelli scandinavi: in particolare Finlandia e Norvegia. L'Italia è al trentaseiesimo posto. Ma siamo sicuri? Secondo l'Organizzazione mondiale della sanità, se guardiamo al tasso di suicidi, l'Italia è al centoquarantaduesimo posto (8,4 su 100 mila abitanti), la Finlandia è a quota 20,8.

Aggiungo un altro episodio personale. Nel luglio 2019 ho partecipato a Buenos Aires al Congresso della società

Dante Alighieri, di cui è presidente A
segretario generale Alessandro Masi. U
lissima. Una scoperta straordinaria. L'an
lingua e per la nostra cultura è sorpr
l'italiano è tra le lingue più studiate al
accademico 2016-2017 più di 2 milion
nieri hanno scelto di seguire corsi di lingua e letteratura italiana. E, secondo uno studio condotto da Edoardo Fleischner, sempre per la Dante Alighieri, sulle 348 lingue usate da Google, l'italiano è all'ottavo posto. Gli «italici», ovvero cittadini di altri paesi che amano l'Italia, la sua cultura, i suoi cibi e che vorrebbero visitarla o viverci, sono stimati in circa 300 milioni. Il *soft power*, il potere culturale italiano, è incredibilmente elevato. Lo sanno gli italici ma non gli italiani.

[illegible] Andrea Ricca
settembre [illegible] un'esperienza [illegible]
[illegible] nostra
[illegible]
[illegible] hanno
[illegible] stra-
[illegible] di lingua e [illegible]
[illegible] condotto di [illegible]
[illegible]
[illegible]
[illegible]
[illegible]
[illegible]
[illegible]
[illegible]

16. Voti a perdere, ignoranza ed egoismi

Caro Salvatore,

ti porto sul terreno scivoloso della politica. Solo in Italia è un immenso, ininterrotto, talk show. Una Babele di falsi confronti. Non conta quello che si dice ma come lo si dice. Non è importante la verità dei fatti ma la verosimiglianza delle interpretazioni. Urge una moratoria. Un *quiet period* come direste voi banchieri centrali. Lo so che è una proposta bizzarra e un po' autolesionista da parte di un giornalista. Ma sognerei un mese di tregua. Non di silenzio, di tregua operosa. Ministri che lavorano e parlano con gli atti; parlamentari che seguono commissioni e lavori d'aula; politici in generale che si dedicano a incontrare organizzazioni sul territorio, aprono sezioni di partito. E – perché no? – si iscrivono a corsi di aggiornamento. Si impegnano a studiare. E persino a scegliere i ritiri spirituali. Ben vengano.

Quale modo più coerente per rispondere all'ostentazione di un crocifisso, quasi fosse un amuleto, o alla giaculatoria dei santi protettori? Perché l'insostenibile rumore di fondo del cicaleccio della politica nostrana alimenta di junk food la pancia del paese. Non nutre le teste, le stordisce. E questa è, a mio avviso, la principale malattia della politica italiana. Avremo modo di occuparci anche delle responsabilità, non poche, dell'informazione.

Ma se è vero che «siamo quello che mangiamo», riprendendo la celebre frase del filosofo tedesco Ludwig Feuerbach, è anche vero che votiamo condizionati dagli ingredienti del dibattito pubblico che assimiliamo. Un solo caso, citato dall'economista Leonardo Becchetti: secondo la *European Social Survey* il giudizio negativo sugli immigrati è largamente superiore tra coloro che passano più di tre ore al giorno davanti alla Tv. L'esposizione passiva è il moltiplicatore dei pregiudizi. Gli algoritmi che governano i social network dispensano materiale, anche avariato, a conferma di sospetti e credenze. Non incoraggiano il pensiero critico, lo spengono. Il degrado del voto è evidente: sempre più frequentemente assomiglia a un conato di risentimenti. Il chiaro sintomo del declino delle democrazie rappresentative. Si vota per contrasto, per negazione. Contro qualcuno più che a favore di un altro. Non importa che il candidato sia coerente, non conta se promette ciò che sa di non poter mantenere, è irrilevante che dica la verità. Basta sia l'arma acuminata contro il nemico, il fantasma che turba i sonni (la globalizzazione, gli immigrati). Non sa governare? Non è preparato? Non importa. Il voto di pancia è il rutto delle democrazie.

Non è solo un problema italiano se si pensa a ciò che accade nei due paesi simbolo della civiltà occidentale: gli Stati Uniti e il Regno Unito. Mai avremmo pensato che l'America fosse vulnerabile alle incursioni di potenze straniere, in grado di condizionare, con falsità digitali, le scelte degli elettori della più grande democrazia al mondo con la complicità (vedi il caso Cambridge Analityca) del principale social network (Facebook). Qui più che George Orwell dovremmo rileggere Kurt Vonnegut. Mai avremmo pensato che un referendum sbagliato, quello sulla Brexit del 23 giugno 2016 (a proposito di scelte di pancia sui dati oggettivi sbagliati e alterati), avrebbe precipitato la più antica democrazia del mondo in uno psicodramma, forse in un'operetta alla Offenbach o nel più divertente vaudeville. Inutile scomodare Shakespeare.

Segnalo un curioso articolo di «Foreign Policy» dal titolo: *We're All Living in Berlusconi's World Now*. Insomma, avremmo esportato un modello «clownistico» della politica. E pensare che a volte ho persino una certa nostalgia per il Cavaliere. Sportiva sicuramente.

La degenerazione del voto, che nell'esercizio democratico per eccellenza è scelta meditata e consapevole dei rappresentati popolari, è favorita dalla coltivazione del mito, assai pericoloso, della democrazia diretta, modello piattaforma Rousseau, e dalla periodica richiesta del vincolo di mandato. Quest'ultima non solo di matrice grillina ma per anni invocata a gran voce come norma «antiribaltone» da tutto il centrodestra italiano. La democrazia digitale o presunta tale nasconde un colossale inganno. L'idea che il popolo si debba esprimere sempre su tutto. E ripetutamente. La convinzione che il consenso sia legittimità di dire e di fare ciò che si vuole. Anche su materie complesse, come medicina, scienza, economia. La competenza non conta.

Ne deriva il disprezzo per gli esperti, l'odio per l'*establishment*, l'insofferenza verso le autorità indipendenti (ad esempio, la polemica di Luigi Di Maio contro la Banca d'Italia: «Si presenti alle elezioni»). Io sono convinto che, in alcune circostanze, la consultazione attraverso la Rete di comunità interessate a singole opere, nella forma del cosiddetto *débat public*, sia assolutamente necessaria. Ma non tale e ripetuta da trasformare il rappresentante eletto in una sorta di fantoccio eterodiretto dalla minoranza più dinamica e, in genere, più estremista dei suoi elettori. Così il deputato o il senatore, che dovrebbe pensare con la sua testa, valutare pro e contro, è solo un terminale passivo. Una sorta di *kagemusha*.

L'articolo 67 della Costituzione prevede che il mandato sia generale. Anche l'eletto in un collegio uninominale rappresenta l'intero corpo elettorale. Il trasformismo è in Italia, da Depretis in poi, pratica corrente, istinto primordiale della politica. Per fini meschini, assai raramente nobili. Ma se chi ottiene voti avesse un vincolo di mandato finirebbe per curare solo gli interessi del suo territorio e rispondere solo a chi l'ha votato, non all'intera comunità nazionale. E il Parlamento sarebbe inutile. Le Camere sono il luogo più alto di una democrazia, nelle quali si discute, ci si confronta e, se necessario, si cambia idea. Con il vincolo di mandato gli eletti sarebbero dipendenti del loro capo, del loro partito. I dibattiti si rivelerebbero del tutto inutili; le sedute una formalità. Il voto segreto è stato previsto proprio per salvaguardare la libertà di pensiero e di coscienza dei rappresentanti del popolo. Altrimenti sono automi che agiscono a comando. Agli ordini di chi li controlla, un capo, oppure una Srl, come la Casaleggio e Associati.

Dobbiamo riscoprire la bellezza e la responsabilità del voto. Qui sta il punto. Altrimenti una democrazia rappresentativa deperisce. Degrada a una giungla di tribù. Regola i conti o gli affari sulla base dei rapporti di forza. Non amministra la cosa pubblica. L'articolo 48 della Costituzione dice che il voto «è un dovere civico». Non è solo «personale ed eguale, libero e segreto». Vorrà dire qualcosa?

Quell'indicazione di «dovere civico» fu il risultato di una mediazione tra i costituenti, tra coloro che concepivano il voto esclusivamente come un diritto e altri che lo individuavano come potestà pubblica. L'obbligatorietà del voto – a mio modesto parere – dovrebbe essere riproposta. Non è solo un diritto. È un diritto-dovere. Anzi, ribalterei la gerarchia. È un dovere-diritto. Il cittadino deve sentire dentro di sé l'obbligo morale di informarsi ed esprimere un voto. L'astensione non è una forma di voto, è la negazione del voto stesso. Un argine da contrastare in ogni modo. Alle prime elezioni politiche della neonata Repubblica partecipava più del 90% degli aventi diritto. Alle ultime consultazioni europee, nel 2019 – come già ricordato –, l'affluenza è stata del 56%. La metà non vota più. Li diamo per persi? Smettiamo però di giustificarli: vengono meno a un loro dovere.

Le leggi elettorali sono leggi ordinarie. Non c'è bisogno di una procedura costituzionale per cambiarle. Perché sono una formula tecnica per tradurre il voto in seggi, cercando di conciliare rappresentatività con stabilità. Ma se si cambia continuamente la legge elettorale si attenta alla salute di una democrazia. La si manda, semplicemente, in confusione. E la credibilità di un sistema non si rafforza se ogni nuova legge elettorale tradisce la preoccupazione di non far vincere l'opposizione. Ogni cambiamento, del tutto legittimo, dovrebbe avvenire sotto il «velo dell'ignoranza» di quello che potrebbe essere l'effetto immediato. Ma questa è una pia illusione. Ridisegnare il sistema alla vigilia di una consultazione elettorale è sintomo di ulteriore fragilità delle democrazie. L'intento strumentale è lampante: impedire agli avversari di vincere.

Negli ultimi ventisei anni – come ha notato Roberto D'Alimonte sul «Sole 24 Ore» – le norme elettorali sono cambiate sei volte. Quattro volte ad opera del Parlamento, due volte per effetto di sentenze della Corte costituzionale. E ora si vorrebbe tornare al proporzionale puro, seppure con soglia di sbarramento. Misura vista dalla sinistra, e in particolare dal Pd, come contraltare alla riduzione del numero dei parlamentari.

Una riforma, quella che riduce da 630 a 400 i deputati e da 315 a 200 i senatori, voluta fortemente dai Cinque Stelle e anch'essa figlia del sostanziale disprezzo che quel movimento nutre nei confronti della democrazia rappresentativa. Un taglio anticasta sbandierato come un risparmio, del tutto infondato, di mezzo miliardo nelle spese per le Camere. Come il trasformismo acrobatico nelle posizioni dei partiti (mai con questo, mai con quello, un profluvio di hashtag #senzadime) anche il succedersi scomposto e contraddittorio di regole elettorali indebolisce la fiducia nelle istituzioni, allontana il cittadino dall'esercizio del voto o lo piega, come si è visto, a una logica utilitaristica e rivendicativa.

Anche la proposta di referendum della Lega, avanzata dalle Regioni governate dal centrodestra, va in questa direzione. Il suo intento è solo strumentale. Abrogare la parte proporzionale del cosiddetto Rosatellum (che ha solo il 37% di collegi uninominali maggioritari) e dunque arrivare per questa via a un sistema totalmente maggioritario. Per sottrazione.

La disillusione popolare nasce anche da questo vorticoso cambio di regole e di opinioni sulle regole. Il Pd maggioritario di Veltroni e di Prodi è ormai un ricordo. Ora è un fiorire di rivalutazioni del sistema proporzionale, quello contro il quale si votò nella stagione dei referendum Segni. La memoria è corta.

Ogni sistema ha i suoi vantaggi e svantaggi. Con il Mattarellum era necessario che si formassero due coalizioni ampie, la cui eterogeneità ne minava la stabilità di governo. Il proporzionale ha bisogno di un centro forte e moderato per limitare il formarsi di coalizioni eterogenee e innaturali (gialloverde o giallorossa) esposte al ricatto di forze più piccole, a volte estreme. La stabilità è nella serietà e nella coerenza dei partiti, non nel metodo con il quale si eleggono deputati e senatori. Ma se il metodo cambia sei volte in poco più di un quarto di secolo anche il voto perde di significato. Si svuota, si impoverisce. Il momento più alto della partecipazione consapevole ai destini del paese diventa un rito stanco. Per molti persino inutile. Mi auguro che si facciano votare i sedicenni, che si lanci una grande campagna di promozione del voto. Rendendolo obbligatorio? Perché no? Almeno moralmente. Un «dovere politico e morale» come era scritto in un emendamento all'articolo 48 della Costituzione proposto da Costantino Mortati.

17. Amore e libertà

Caro Ferruccio,

mi sono a lungo chiesto come avrei potuto replicare alla tua email così ricca di riflessioni su come funziona il sistema politico italiano, non essendo io un esperto di questa materia, né teorico né pratico. Poi ho pensato che, se anche non sono uno scienziato della politica, né un politico, né un giornalista, sono comunque un cittadino, che ha il dovere, prima ancora che il diritto, di esprimere le sue idee sul modo in cui è gestita la cosa pubblica.

Allora comincio dal concetto generale di democrazia. Come tu dici, in uno Stato moderno la cosiddetta democrazia diretta non ha senso. A stento poteva funzionare nell'agorà di Atene, oggi non riesce a funzionare neanche in un condominio. Tuttavia la democrazia rappresentativa, centrata nei parlamenti e nella divisione dei poteri, negli ultimi anni ha mostrato in molti paesi, anche in quelli che l'avevano adottata per primi, difetti gravi. Sono sfiorite le ideologie, gli elettorati esprimono il loro voto non più sentendosi appartenenti a una famiglia religiosa, culturale, etnica, ma sulla base di superficiali ed effimere simpatie per facce o voci proposte incessantemente dai mezzi di comunicazione di massa.

Alcuni politici spregiudicati hanno capito per tempo che cosa stava succedendo alle loro società e ai meccanismi di formazione del consenso. Si sono comportati di conseguenza, urlando ai loro potenziali elettori parole d'ordine tratte dagli stessi istinti primordiali di questi: il timore dell'alieno venuto dal mare, la frustrazione dell'essere lasciati indietro nella scala del benessere, l'orgoglio isolazionista. Anziché essere leader, cioè guide dei loro elettori, ne sono diventati follower, cioè specchio e seguaci. In questo modo hanno guadagnato rapidamente un consenso enorme. Che in qualche caso li ha portati al governo del loro paese (penso innanzitutto agli Stati Uniti d'America di Trump), in altri casi ha consentito la formazione di robuste minoranze.

L'Italia è un po' un laboratorio di queste mutazioni sociopolitiche. Come d'altro canto è stata già in passato: penso ad esempio al fascismo, a cui Hitler guardava come a un modello da imitare. Abbiamo avuto, dalla fine della Seconda guerra mondiale fino agli anni Novanta del secolo scorso, una forte contrapposizione ideologica fra cattolici e comunisti, che è poi andata impallidendo e sfrangiandosi, sempre meno condizionando il comportamento elettorale. Sono emerse figure politiche più o meno carismatiche sostenute dal loro continuo comparire sui media, sia su quelli tradizionali come la televisione e i giornali, sia su quelli nuovi come i social.

Però, e qui sta secondo me un punto importante, la polarità destra-sinistra che dall'Ottocento connota i sistemi politici dei paesi avanzati non è scomparsa, come taluni sostengono. Forse è mutata, ma non scomparsa. È, io credo, un tratto costante dell'animo umano. Non citerò Platone né Machiavelli né Weber, ma Luciano De Crescenzo, indimenticato divulgatore (mestiere per lo più disprezzato nel nostro presuntuoso paese). L'ingegner De Crescenzo sosteneva che la gran parte dei sentimenti umani, poi riflessi nelle scelte elettorali, si disponessero su un piano cartesiano in cui in ascissa vi era l'amore e in ordinata la libertà. Aggiungo ora parole mie: amore vuol dire anche solidarietà, cooperazione, concordia sociale; libertà vuol dire anche spirito imprenditoriale, avventura solitaria, conflitto sociale. Sono entrambi sentimenti positivi, nobili. Sono quasi sempre presenti entrambi in ciascuno di noi. Ma sono in oggettivo conflitto, questo è il problema. Perciò l'ingegnere (con la minuscola, la maiuscola è riservata a Gadda) li metteva su due assi cartesiani ortogonali.

Ora, le persone di sinistra tendono un po' più verso l'amore, quelle di destra un po' più verso la libertà. Conservando la loro rispettabilità. A meno che non facciano delle loro preferenze una fede assoluta, affermando, esaltando, solo i propri valori e negando, vituperando, quelli dell'altra parte. Un paese di sola solidarietà e nessuna libertà è triste e povero, un paese di sola libertà e nessuna solidarietà è crudele e lacerato.

Nell'Italia di oggi questi due sentimenti mi sembrano sottostare confusamente, a volte inconsapevolmente, a schieramenti e a scelte politiche. L'atteggiamento nei confronti degli immigrati mi pare esemplare dell'equilibrio necessario, di fronte a un problema complesso ai limiti dell'intrattabilità, fra pulsioni di sinistra (accogliamoli tutti con amore) e pulsioni di destra (respingiamoli tutti per affermare la nostra libertà). È evidente come la prima pulsione sia velleitaria e inconcludente: accogliere persone di costumi diversi e spesso prive di abilità lavorative moderne senza preoccuparsi della loro integrazione e istruzione (il che costa molti soldi e molto impegno) conduce solo a torme di disoccupati incattiviti che poi incrociano nelle nostre città e contrade, a volte commettendo reati e suscitando reazioni rabbiose anche in brave persone, in cittadini normalmente moderati. Ma anche la seconda pulsione è sbagliata e controproducente. Non tiene conto dell'invecchiamento tendenziale della popolazione italiana, che richiederebbe un flusso regolare e regolato di immigrazione per sostenere la capacità produttiva dell'economia. Non tiene conto delle relazioni internazionali del nostro paese, in Europa e fuori. Non tiene conto dei più elementari principi di umanità.

Occorrerebbe un approccio più intelligente e costruttivo di questi due opposti estremismi. Un approccio che potrebbe essere un po' più di destra o un po' più di sinistra, a seconda di chi lo adotta. Ma come si fa a mobilitare elettori e a guadagnare consensi intorno a una proposta politica ragionevole? Non fa *audience*, come si dice in linguaggio televisivo. Bene, questa conclusione parte dal presupposto che gli elettori (preferisco di gran lunga questa burocratica espressione alla parola popolo, abusata e fuorviante) siano, appunto, tutti estremisti, o almeno che lo sia la maggior parte di loro. È veramente così?

Qui sentirei il bisogno di un'analisi sociologica organica e onnicomprensiva che mostri come la società italiana vada suddivisa secondo parametri significativi, non soltanto di reddito e ricchezza ma anche di stili di vita, di gusti estetici, infine di preferenze politiche e di scelte elettorali. Un'analisi dinamica, non solo riferita a un punto del tempo, che faccia intravedere le tendenze presenti e future. La cerco ma non la trovo, un'analisi così. Forse è colpa mia che non cerco abbastanza e nel modo giusto.

Se disponessimo di una tale analisi risponderemmo più facilmente all'interrogativo: è veramente così? In mancanza, tocca avventurarsi in congetture. La mia (ma anche quella di molti altri) è che non sia così. La maggior parte della popolazione italiana rifuggirebbe gli estremismi se solo non vi fosse trascinata per i capelli, dalle circostanze, dalle mancanze della politica ragionevole, dalla spregiudicatezza di quella irragionevole. O se non si rifugiasse nel non voto, per sfiducia, stanchezza, rinuncia: circa 14 milioni di italiani che ne avevano diritto non hanno votato alle elezioni politiche del 2018. Insomma, per dirla da economisti (il lupo perde il pelo ma non il vizio), la mancanza di offerta di una politica ragionevole e appetibile determina o lo spostamento di parte della domanda verso offerte irragionevoli o l'abbandono del mercato politico.

Appetibile è aggettivo cruciale. Francamente io non so come si possa rendere appetibile la ragionevolezza. So per certo come la si rende indigesta: rivestendola di correttezza politica esagerata e quindi ridicola e irritante, di regole e numeri arcani e non spiegati, di menzogne fatte apposta per accarezzare il pelo degli elettori. I quali invece capiscono quel che c'è da capire se glielo si dice con chiarezza e onestà, anche se non hanno una laurea. Un ministro come Pier Carlo Padoan raggiunse picchi di popolarità e consenso straordinari pur dicendo scomode verità, perché usava le parole giuste e aveva la faccia giusta; una faccia quasi sempre scura, della serie «c'è poco da ridere», ma pronto a sciogliersi in un sorriso buono.

Ci vuole però un minimo di distacco dal breve termine, dall'oggi, dal sondaggio di domani. E qui diventa fondamentale il sistema elettorale. Il sistema con cui si eleggono i rappresentanti del popolo sovrano (ora è lecito usare la parola popolo, è la Costituzione che ce lo consente) conta moltissimo nel determinare quanto importante è il breve o brevissimo termine per un politico.

La legge elettorale è una legge ordinaria, tu lo sai bene caro Ferruccio, anche se riguarda un aspetto centrale della vita democratica. I costituenti non la vollero giustamente inserire nella Carta fondamentale nel presupposto che essa fosse legata a tempi e circostanze, che potesse essere cambiata senza per questo dover cambiare la Costituzione. In effetti il sistema elettorale è stato cambiato in Italia in modo importante cinque volte dopo il fascismo.

Dopo la proporzionale classica introdotta nel 1946 e sostanzialmente inalterata per quarantasei anni, abbiamo avuto nei successivi ventisette anni il Mattarellum, il Porcellum, l'Italicum (legge votata ma mai usata), il Rosatellum. I latinismi maccheronici si devono all'inventiva satirica del grande politologo Giovanni Sartori, mai abbastanza rimpianto. Sono sistemi che cercavano di disegnare forme più o meno deformi e parziali di maggioritario. Oggi alcuni vorrebbero cambiare la legge di nuovo e tornare a un proporzionale puro come quello vigente fino al 1992, con ciò chiudendo il cerchio degli esperimenti maggioritari.

Rammento a chi ci legge due punti fondamentali.

1) In un sistema proporzionale gli elettori non scelgono un governo e un capo di governo, scelgono il proprio partito e il proprio rappresentante. Il governo viene deciso dopo le elezioni ed è il frutto di negoziati e coalizioni fra partiti, al limite fra singoli parlamentari. Nei negoziati, che sono quasi continui, anche su singoli atti di governo e non solo sulla formazione del governo, il peso politico attestato dai sondaggi è oggi decisivo: quindi il breve o brevissimo termine è l'orizzonte tipico del politico medio. Inoltre, il panorama politico tende a frammentarsi in molti partiti, movimenti, liste, perché occorre corrispondere a minime differenze tra le preferenze degli elettori. Viceversa, in un sistema maggioritario gli elettori scelgono un governo e un leader, più o meno nettamente a seconda del tipo di sistema, e il panorama politico tende a polarizzarsi fra due schieramenti in perenne contrapposizione. Il medio termine diviene l'orizzonte a cui guardare, cioè le successive elezioni politiche.

2) Le leggi elettorali sono come le regole di un gioco: cambiarle a gioco iniziato fatalmente favorisce un giocatore piuttosto che un altro. Invece le costituzioni azzerano il gioco precedente; vengono infatti scritte di solito dopo una guerra o una rivoluzione. Questo spiega i contorsionismi, i commi e i controcommi, gli estenuanti negoziati che hanno luogo quando si diffonde il convincimento che occorra cambiare sistema: ogni parte politica cerca di ricavare un vantaggio elettorale dal cambio di regole.

E il bene pubblico? E cercare invece il migliore, più razionale, sistema elettorale possibile? Beh, non facciamo le anime belle. Stiamo parlando di potere, di chi comanda e di chi ubbidisce. Anche nella più democratica e bilanciata delle società ci si danna l'anima per un voto in più.

Occorre veramente una congiuntura astrale ultrafavorevole perché il cambiamento di legge elettorale convenga a tutti i contendenti più o meno nella stessa misura, o comunque non ne danneggi nessuno. Ci si è avvicinati a quella condizione solo nel 1993, con la dissoluzione dei vecchi partiti senza che ne fossero ancora emersi di nuovi.

Io fui favorevole a suo tempo al passaggio dal proporzionale al maggioritario e l'attuale tendenza a ritornare al proporzionale puro mi mette molto a disagio. Tuttavia, anche rassegnandomi a ciò, resto del parere che esista una domanda potenziale di ragionevolezza molto grande nell'elettorato italiano, forse della maggioranza, che aspetta un'offerta adeguata.

È un desiderio scambiato per realtà il mio? Può darsi.

18. Il grano e la pula

Caro Salvatore,

in più occasioni, in questo scambio di opinioni, è emersa la necessità che i cittadini siano bene informati. Se lo sono, migliore è la politica, più efficiente e competitiva l'economia. E, dunque, una democrazia funziona meglio se il mondo dei media in generale è, non solo indipendente, ma anche responsabile, preciso, scomodo, irriverente. Dove c'è trasparenza prevale il riconoscimento del merito. Al contrario, nella penombra, vincono arbitrio, soprusi, infiltrazioni criminali. Ma di quale mondo dei media stiamo parlando? Qui sta il punto. Il giornalismo classico, i mezzi d'informazione tradizionali, sono ormai un'isola assediata in un arcipelago di produttori (gli stessi utenti) di segnali di ogni tipo, commenti, opinioni, notizie spesso del tutto scorrette se non false, in un oceano di onde emotive, pulsioni scomposte, rifiuti galleggianti. L'acqua sta salendo e minaccia le spiagge rinomate delle isole simbolo della stampa e della televisione. Île de la République, Solferino Island, Isla del País, Cap Guardian. Luoghi mitici, incantati, celebrati da libri e film, nei quali noi professionisti abbiamo preso troppo sole, ci siamo impigriti. E abbiamo alzato il gomito della nostra vanità. Qualcuno di noi si è ritirato in collina e guarda l'orizzonte della comunicazione digitale con sufficienza e disprezzo. La nostalgia riempie i calici. Altri hanno preso coraggiosamente il mare cercando fortuna su fragili vascelli. Pionieri. I giovani hanno imparato a nuotare in acque infide. Senza salvagenti.

Sottopagati. I naufragi sono stati tanti. Pochi sono riusciti nella transizione dalla carta al web. La maggior parte di noi, i meno giovani, sta sul bagnasciuga. Vive di nostalgia.

La verità, caro amico mio, è che il tono e la sostanza del dibattito pubblico non dipendono più dai media tradizionali, se non in minima parte. Né dai giornalisti professionisti che ci lavorano. Quel mondo parla a stento a una classe dirigente, a un'élite culturale, sempre meno alla gente comune, quasi nulla ai giovani. Anche se, paradossalmente, un giornalismo di qualità è ancora più necessario e vitale di prima. E lo sarà sempre di più. Alla fine, e spero di dimostrarlo in questo scritto, troverà la sua rivincita. Perché se non l'avrà non vi sarà nemmeno un futuro per le democrazie liberali e rappresentative conosciute fin qui. Di questo non vi è coscienza. A tutti i livelli. Nel nostro declino saggiamo la grandezza e l'utilità del nostro ruolo. Ma non è consolatorio.

L'oceano del web ha padroni che controllano baie, stretti, canali. Hanno flotte immense. Imperiali. E commerciano in tutto il mondo, con la loro fantastica Rete, grazie anche ai prodotti (contenuti) realizzati nei porti ferrosi e cartacei del giornalismo e dell'editoria libraria tradizionale. Imbarcano viaggiatori di fama (autori, scrittori e artisti). Spesso non li pagano. Il diritto d'autore non esiste (per inciso l'Italia non ha ancora recepito una direttiva del Parlamento europeo). Non solo: per anni editori e giornalisti si sono affidati ai social network con allegra spensieratezza. Sono corsi ad abbracciare i loro carnefici. Ringraziandoli pure, accontentandosi di un vile *argent de poche*. Hanno postato gratuitamente i contenuti delle redazioni sulla Rete e ora si rammaricano del fatto che il valore del loro lavoro sia così poco riconosciuto e apprezzato. E che l'informazione sia spesso giudicata da molti come una *commodity* gratuita. La si trova ovunque, sullo smartphone, nel metrò, negli schermi Tv dei bar. Perché dunque pagarla? Informarsi così, o credere di farlo, è facile. Non richiede alcuna fatica. E, dunque, ci si può cibare di un pessimo sushi senza sentire la necessità di alimenti di maggiore qualità. Considerati inutili e pure costosi. Il junk food dell'informazione minima non fa ingrassare. Dimagriscono invece le menti e si inaridiscono i cuori. Secondo un vecchio detto il buon giornalista è colui che separa il grano dalla pula. E pubblica il primo. Oggi si annega nella pula. Ma proprio per questo il grano dovrebbe avere più valore. E lo avrà certamente in futuro. Se non altro per una normale reazione fisica. Se si esagera c'è un contraccolpo. Gli editori tradizionali corteggiano ancora, nonostante tutto, Facebook e Google, mentre questi, da monopolisti voraci, saccheggiano le vite dei loro lettori e dei loro abbonati. Sorridenti monopolisti predatori. Ma per quanto ancora? Si colgono segnali di un risveglio della legislazione antitrust che senza l'Unione europea sarebbe già un ferro vecchio della storia.

Le immense acque del web sono solcate anche da sommergibili invisibili ai sonar della legge. Incursori che attentano alle coste delle democrazie rappresentative. Usano i dati in loro possesso per orientare i consensi e influenzare il voto. Ogni tanto qualcuno (la ricordata Cambridge Analityca) è costretto a tornare in superficie. Ma quanti ce ne sono ancora sotto? Non manca la moderna pirateria. Agili Bot, che non sono titoli di Stato, solcano i mari interni. Aggrediscono le imbarcazioni più leggere (gli utenti normali dei social) e li intimidiscono fino a costringerli a non prendere il largo, dunque ad astenersi dal dibattito. Hanno nomi strani, non marittimi (La Bestia), ma determinano il ritmo delle maree, la direzione dei venti dell'opinione pubblica. Nell'incertezza di un diritto della navigazione reso obsoleto dalla tecnologia, abbondano le false bandiere, i profili anonimi. Gli *haters* imperversano, portatori insani delle peggiori ideologie, di una violenza verbale esplicita. Alcuni di loro sono così abili che, al pari dei più celebri corsari, sono assai ricercati. Ricercati sì, ma dalle aziende e dai governi. Per assumerli. L'anonimato delle bandiere, degli account, andrebbe perseguito, del resto ogni indirizzo Ip è tracciabile. Basterebbe fare come per i contratti delle utenze telefoniche. Il Consiglio per i diritti umani delle Nazioni Unite dichiara giustamente di proteggere la libertà d'espressione. Ma in una democrazia matura è ancora così? Senza regole non c'è libertà. Né in economia né tantomeno nell'informazione. Chi controlla la Rete, i social network, non crede di avere la responsabilità di ciò che avviene sulle proprie grandi navi. Zuckerberg e gli altri sono armatori liberi da oneri. Ma onusti di gloria, di ammirazione pubblica, oltre che di denaro. A differenza di quello che prescrive il diritto della navigazione, i loro immensi velieri sono privi di territorialità. Sono, a loro volta, uno Stato che non risponde ad alcuno Stato. Neanche al loro (gli Stati Uniti), salvo mettersi d'accordo, per esclusiva convenienza economica, con il più forte (la Cina) incuranti del fatto che neghi le libertà di cui sono orgogliosi paladini. E quando scelgono uno Stato per farsi tassare (Irlanda) di fatto se lo comprano. Non hanno, salvo averne digerita controvoglia qualche incombenza, una vera e propria responsabilità editoriale. Non rispondono di quello che pubblicano come invece sono costretti a fare i media tradizionali. Nell'attività di lobbying sono spregiudicati e spietati come le vecchie multinazionali del petrolio e del tabacco. Ma non pagano pegno. Perché sembrano dare un servizio gratuito (il prezzo è l'utente, la sua vita, i suoi dati, ma non lo sa o non lo vuole sapere). Perché appaiono, o sono apparsi fino a poco tempo fa, ma non lo sono più, i sacerdoti di una neutralità della Rete. In realtà nelle loro accoglienti baie si entra facilmente, si godono straordinari approdi, le app, ma si è clienti esclusivi, catturati. Qualcosa però sta cambiando. Fino a qualche mese fa Zuckerberg poteva aspirare alla Casa Bianca e visitare trionfalmente tutti gli Stati dell'Unione. Oggi non lo potrebbe più fare. Jeff Bezos, l'uomo più ricco del mondo, è oggetto di critiche crescenti. Trump ce l'ha con lui non perché Amazon ha desertificato il commercio tradizionale, ma perché è il proprietario dell'odiato «Washington Post». Certo, qualche volta gli rinfaccia di pagare poche tasse. La predica viene dal pulpito sbagliato. Il gigantismo dei monopolisti del web alimenta pulsioni socialiste tra i democratici, tradizionali sostenitori della Silicon Valley. Le grandi testate nazionali che hanno saputo coniugare una prestigiosa tradizione giornalistica con l'innovazione tecnologica sostituiscono i proventi degli abbonamenti agli incassi calanti delle copie cartacee e alla pubblicità divorata dai cosiddetti *over-the-top*. Il declino non è inevitabile. Nel frattempo Amazon e Apple sfidano Netflix, Disney e Sky sulle serie televisive investendo nelle produzioni di alta qualità, con i migliori autori e sceneggiatori. «Il mezzo è il messaggio», scriveva McLuhan. Il contenuto è il mezzo, aggiungiamo noi. E non è un algoritmo a produrlo, né l'intelligenza artificiale. Lo sarà sempre di più un buon giornalismo. Credibile e onesto nel riconoscere i propri errori.

La risorsa ancora più scarsa oggi è il tempo di un cittadino che si informa. Quella ancora più rara è la credibilità di quello che legge, vede, ascolta. Nulla è cambiato rispetto ai criteri base di un buon giornalismo. *Accuracy and fairness*. Bezos dice che per lui i vecchi giornali sono come i cavalli. Da allevare con amore. E basta. Eppure il suo cavallo di razza, il «Washington Post», non solo corre, ma conta, pesa. È temuto dal potere molto più di Facebook o Twitter che ospita, quest'ultimo, nottetempo, i messaggi di Trump. Purtroppo quei tweet non glieli «passa» nessuno. Non c'è un editor. Se ci fosse leggeremmo meno sciocchezze. E il mondo starebbe meglio.

Concludendo

Caro Salvatore,

siamo alle conclusioni. E devo dirti, sinceramente, che nonostante tutto sono ottimista. Ce la faremo. Perché siamo migliori di quanto non crediamo. Modesti nella normalità ma eccezionali nell'emergenza. Distratti o male informati sulle sorti del paese ma straordinariamente generosi con la propria comunità locale. Incapaci o maldestri nell'agire come un sistema coeso e responsabile ma individualisti virtuosi e geniali.

C'è un paradosso al quale non riesco a rassegnarmi. I nostri connazionali di qualità – che in gran parte hanno studiato nelle scuole e nelle università pubbliche – riscuotono consenso e successo un po' ovunque nel mondo. I prodotti Made in Italy non hanno mai goduto di così tanto favore tra i consumatori del pianeta. Il «vivere all'italiana» o venire il vacanza in Italia è tra i sogni di milioni di cittadini stranieri. Una gigantesca classe media di paesi emergenti sogna l'Italia, vuole l'Italia. Ambisce a godere delle sue bellezze e della sua cultura. Eppure – e qui sta il paradosso inaccettabile – l'Italia non è mai stata così debole e sottovalutata nella comunità internazionale. Mai così emarginata come membro sospetto e riottoso dell'Unione europea, di cui è uno dei massimi contribuenti nonché tra i fondatori. Perché? La mia risposta è tutta in un deficit di serietà, che non appare in nessuna contabilità pubblica, ma cementa pregiudizi e ingigantisce sospetti, spesso non fondati. E ancora: in un'amnesia collettiva che non riguarda solo le forze politiche o la classe dirigente ma tocca tutti noi. Nessuno escluso.

Siamo tutti colpevoli, con differenti gradi di responsabilità. E possiamo salvarci solo tutti insieme. Come? Prima di tutto riscoprendo il valore educativo della memoria. Non solo quella collettiva. La pace e la democrazia non sono conquiste durature. Hanno bisogno di manutenzione giornaliera. Nella vita sociale. Ovunque. E non solo nella scuola e nella formazione, con l'insegnamento soprattutto della storia. Gli anticorpi si sono indeboliti. Riemergono impulsi autoritari, pregiudizi razziali, traspare un antisemitismo di ritorno che è purtroppo rimasto nelle pieghe della nostra educazione cattolica. Quando si è pronti a rinunciare a diritti di libertà in cambio di protezione, peraltro presunta, si è già passato quell'invisibile punto di non ritorno che porta dritto ai regimi. Quando ci si dimentica di essere stati un popolo di migranti e si è indifferenti al grido di aiuto che viene da chi fugge dalla guerra e dalla fame, si è già disceso un gradino verso i sotterranei dell'egoismo tribale. Non voglio dire con questo di aprire le braccia a tutti, beninteso, ma di regolarne il flusso, soccorrendoli nel bisogno, senza cacciarli, per esempio, in una clandestinità interna facendo finta di non vederli. E se ne può favorire l'integrazione e la riconoscibilità sociale senza affrettarsi nel concedere una cittadinanza che va comunque meritata. Il fascino perverso di leader autocrati come Putin, Erdogan, Xi Jinping, Orbán è la prova di quanto labile sia la memoria collettiva e modesto il grado di cittadinanza consapevole dell'Italia repubblicana e antifascista. Sì, antifascista, perché la nostra è una Costituzione antifascista ma ce lo siamo dimenticati.

Non è meno importante la memoria familiare. Anzi, se posso osare, lo è persino di più. Perché arriva dritta al sangue degli individui. Noi non vediamo più nelle ferite ancora aperte dei nostri familiari o nel dolore del ricordo di coloro che non ci sono più, il segno indelebile che le guerre lasciarono in tutte le famiglie italiane. Due conflitti mondiali in vent'anni – il tempo trascorso di questo secolo di meraviglie tecnologiche e di rivolgimenti nella globalizzazione – decimarono due generazioni, tra morti, feriti, mutilati. Oggi per fortuna quei segni non si vedono più. Le ferite e le macerie sono scomparse. Purtroppo è svanita anche la memoria. E la confusione fra torti e ragioni, vittime e carnefici è pressoché totale. Ma se soltanto dedicassimo qualche ora a ricostruire l'album di famiglia, a rileggere nelle lettere e nelle cartoline dei nostri nonni e dei nostri padri (i social network di un tempo) gli effetti di patimenti, lutti, malattie, fame, saremmo migliori cittadini. Ci sveglieremmo dal torpore di un benessere in calo ma ugualmente appagante. Avremmo più rispetto per le istituzioni democratiche. Anche lo sguardo sull'altro, sul prossimo, sarebbe diverso. Meno egoista e rancoroso, più solidale e aperto.

Non solo: la memoria familiare – e i due racconti iniziali di questo libro ne sono una testimonianza – è esercizio salutare per un'altra, non secondaria, ragione. Dà la misura dell'importanza del sacrificio necessario oggi per investire sul domani; dà corpo e urgenza al senso di responsabilità verso le prossime generazioni; riporta lo studio e il rispetto per il lavoro, anche manuale, al centro delle preoccupazioni giornaliere. Dopotutto, abbiamo bisogno di restituire al paese un po' del buonsenso familiare degli anni della Ricostruzione. Anche i capifamiglia più poveri (gli immigrati interni bersaglio di tanti pregiudizi) mai avrebbero accettato – come avviene purtroppo oggi – di disperdere il reddito in consumi voluttuari e inutili sacrificando cultura, scuola e università. Avrebbero rinunciato a un po' di weekend. Mai si sarebbero posti nei confronti degli insegnanti – allora al centro delle comunità non marginali come oggi – alla stregua di sindacalisti dei figli, pronti a ricorrere al Tar quando non a vie di fatto. Anche nell'Italia un po' ingenua di allora non c'era bisogno di aver studiato per capire che il futuro sarebbe stato di chi avrebbe faticato duramente, e nottetempo, sui libri e affrontato con determinazione e umiltà, le sfide del cambiamento. Nessuno si aspettava che lo Stato gli portasse a casa (ma con il reddito di cittadinanza poi non avviene) un lavoro. Se lo cercava con la testa. E più frequentemente con le gambe. Andandosene. Con una valigia di cartone. Dobbiamo tornare ad avere quella fame atavica, quella voglia di farcela, di riscattarci. Sentimenti che vediamo negli occhi dei giovani asiatici e in generale dei paesi emergenti che bramano il successo e il benessere come nell'Italia della Ricostruzione. E sono i concorrenti globali dei nostri figli e dei nostri nipoti. Dobbiamo riscoprire le virtù di una cittadinanza responsabile, il senso civico che è anche decoro, pulizia, manutenzione (per esempio del nostro disastrato territorio).

L'immenso capitale sociale del volontariato, della solidarietà diffusa, nelle tante comunità locali, racchiude qualità civiche straordinarie. Si tratta «solo» di valorizzarle. Non è facile. Ma è colpevole non provarci. Ci sono, in quella galassia di buoni sentimenti e volontà, tanti possibili leader nazionali. Facciamoli emergere. Sono giovani. Quelli che ci mancano. Quelli che poi se ne vanno.

A proposito di giovani. Io non vorrei che ci chiamassero tutti alla sbarra in un ipotetico processo alla storia di questi ultimi anni. Titolo probabile: *Se avessimo potuto avere mille miliardi.* Riecheggia una canzone celebre dell'Italia più povera. Ovvero: *Se potessi avere mille lire al mese.* Tranquillo, non ho nessuna nostalgia della lira, se non per il fatto che ha accompagnato la nostra giovinezza e tu, caro Salvatore, ne sei stato anche un custode attento come banchiere centrale. No, nessuna nostalgia. Ma mille miliardi di euro – in questo caso potremmo dire purtroppo – è quanto abbiamo pagato in questi ultimi 14 anni per gli interessi sul debito pubblico. Soldi che non sono andati alla parte più povera del paese, né in investimenti per il futuro. Ma ai possessori di titoli di Stato, dunque anche banche, famiglie e imprese, certo. Ma che cosa avremmo potuto fare con quella gigantesca cifra accumulatasi in appena 14 anni, meno di quel ventennio che sconvolse la vita di generazioni dei nostri antenati? Quanti investimenti produttivi sarebbero stati realizzati dallo Stato, cioè dalla collettività? Un infinito elenco di occasioni perdute. Eppure basterebbe poco per riavviare un sentiero virtuoso. Pochissimo. Basterebbe solo dedicare qualche minuto della nostra giornata agli altri, alla cura del bene comune del paese. Con piccoli e all'apparenza insignificanti esempi: dal rifiutare pagamenti in nero al gesto di pulire una strada, intrattenere relazioni anche con gli sconosciuti, gli altri, senza guardarli in cagnesco. Piccoli e ripetuti segni di civiltà, moltiplicati per milioni di volte. Ognuno di noi può farlo, può far crescere a dismisura il capitale sociale italiano, già vasto, capillare e diffuso. Il microcredito ha salvato tante economie sottosviluppate? Il microcivismo, chiamiamolo così, rianimerà società invecchiate ed esauste come la nostra. Mi illudo? Forse. Ma il cinismo beffardo e autoconsolatorio, espressione di una estraneità culturale, è insopportabile.

Poi è necessario un bagno di umiltà. Un modesto bagno di umiltà. Non costa nulla. Persone che svolgono, fino in fondo, il proprio mestiere senza volerne fare contemporaneamente altri. Politici, imprenditori, dirigenti che ammettono di non sapere rispondere a tutte le domande. E dicono: devo informarmi, applicarmi e poi le saprò dire. Smetterla con l'esibizione deteriore dell'ignoranza come dimostrazione di genuinità identitaria. Cittadini consapevoli che il rispetto delle regole si ottiene con il buon esempio, non con la furbizia obliqua e simpaticamente ingannevole.

Sono tanti gli italiani per bene. L'importante è che non si ritirino. Per rassegnazione o magari soltanto per educazione, lasciando lo spazio libero a vocianti e maleducati imbonitori. Con potere o senza. E a predatori esteri con spirito coloniale e disprezzo etnico. L'avanzata di questo silenzioso esercito di cittadini volenterosi, una moltitudine ma non un partito, sarà la migliore e più efficace delle riforme. La scintilla è il buon esempio. A costo zero. Moltiplicatore infinito. E se questa riforma civica silenziosa fallirà, la colpa sarà solo loro, sarà solo nostra. La condizione di spettatori in un'Italia in declino è la peggior forma di complicità con chi distrugge le fondamenta della casa comune. Dante mette gli accidiosi nel Purgatorio e li condanna a correre a perdifiato, gridando, flagellandosi. Noi abbiamo già accumulato diverse centinaia di chilometri. E non c'è alcun premio.

Caro Ferruccio,

come mi hai scritto nella tua ultima email, eccoci al termine del nostro scambio di riflessioni sull'Italia di oggi e su quella che ci siamo sforzati di prefigurare per domani. Abbiamo toccato vari temi, seguendo un filo, pur tenue; lasciando comunque ampio spazio all'estro e ai pensieri suscitati in ciascuno di noi dagli argomenti via via affacciati dall'altro. Mentre ci scambiavamo queste email la mia condizione professionale è cambiata, da libero pensatore a esponente di una grande azienda, ma la cosa non ha, credo, influito sul tenore delle mie analisi.

Un dialogo fra due credenti nella ragione: questa è la cifra del nostro scambio, ma anche della nostra intera vita. Entrambi abbiamo sempre cercato di ragionare, anche di fronte ai più intrattabili e moralmente insidiosi dei problemi. Ciò non vuol dire rinunciare alle passioni e anche alle indignazioni, ma mai dimenticando un'analisi il più possibile oggettiva delle questioni di volta in volta esaminate. Mai abbracciando un partito preso e piegando a esso, consapevolmente o no, i nostri argomenti.

Non è un esercizio facile e non sono neanche sicuro che io sia sempre riuscito in questi anni a mantenere l'aderenza dei giudizi a fatti e a dati dimostrabili. Mi ha aiutato la lunga appartenenza alla Banca d'Italia, che ha sempre praticato l'etica e, vorrei dire, l'umiltà della conoscenza. L'esercizio non è facile soprattutto in questa fase storica, in cui il volume della voce di chiunque prenda una posizione, pubblicamente o anche privatamente, si è innalzato a dismisura e l'intensità degli strilli fa premio sulla ponderatezza dei giudizi. È un fenomeno oggi ricorrente in tutte le democrazie del mondo, non è solo un problema italiano, ma l'Italia e gli italiani ci mettono forse un sovrappiù di gusto nel ricorrere alle urla, che richiedono solo buoni polmoni, anziché ai ragionamenti, che richiedono un buon cervello e, soprattutto, tanto sforzo.

Ragionare porta ad avanzare dubbi, a non avere certezze preconcette. Nel caso della condizione italiana attuale, porta a non cedere al pessimismo montante, nonostante tutto. Pessimismo dell'intelligenza e ottimismo della volontà è un famosissimo motto reso noto da Antonio Gramsci un secolo fa. Oggi lo intendiamo così: anche quando la ragione non intravede spiragli positivi in una vicenda o in una situazione, esiste una volontà visionaria, quasi sovrumana, che può cambiare le carte in tavola e creare dal nulla elementi per uno sbocco felice. Nelle vicende della società e dell'economia italiane degli ultimi decenni vi sono stati molti sviluppi negativi, che spingevano il nostro paese verso un destino di decadenza, ma anche punti di resistenza o veri e propri balzi in avanti, che spingevano in direzione opposta. Quindi neanche la ragione può essere del tutto pessimista.

Nel mio lavoro ho fatto per alcuni anni l'economista industriale e ho visitato per i miei studi molte aziende e organizzazioni produttive, piccole, medie e grandi, di tutti i settori. Non tutte erano efficienti e profittevoli, ma alcune sì, in un modo sorprendente. Mi sono ritrovato a pensare che ad analizzare dati aggregati nel chiuso della propria stanza di economista si finisce col vedere tutto nero, mentre basta andare fuori, confrontarsi con il mondo reale di coloro che «fanno le cose», per trovare spunti di conforto e di speranza nelle sorti del nostro paese.

Il punto è, però, che i dati aggregati non mentono. Mostrano che nella performance economica l'Italia nel suo complesso è ferma da un quarto di secolo, mentre gli altri sono andati avanti. Per riconciliare i dati medi con le evidenze empiriche occasionali, con le percezioni soggettive, occorre ricordarsi che imprese e istituzioni possono essere molto diverse l'una dall'altra, in Italia più che in molti altri paesi. A portarci avanti, a mantenere l'intero paese sopra il pelo dell'acqua, sono alcune imprese, prevalentemente medie e grandi. Sono quelle imprese che custodiscono il genio italico, il saper fare degli artigiani rinascimentali aggiornato ai tempi del *cloud* e dell'*edge computing*. Il loro numero, dopo la Grande crisi globale e le conseguenti recessioni, sta diminuendo. Alcune conservano i siti produttivi in Italia ma trasferiscono in altri paesi proprietà o controllo. Combattono contro un ambiente ostile, sociale e politico. Combattono a volte contro la stessa natura dei loro imprenditori, restii a gonfiare il petto e la dimensione delle loro aziende seguendo crescenti ambizioni.

Dialogando fra noi abbiamo passato in rassegna molte distorsioni che affliggono la nostra società e la nostra economia, dall'istruzione, al sistema giuridico, al sistema politico. Non abbiamo scoperto niente di nuovo, sono problemi già altre volte additati. Quel che è meno usuale è il riconoscimento, affiorato più volte nei nostri discorsi, di una sapienza, di una capacità che arricchiscono l'Italia.

La storia del nostro paese, del territorio su cui esso insiste da prima ancora di diventare uno Stato unitario, si snoda come un romanzo.

Il finale non è scritto. Può essere drammatico, o solo malinconico, o improvvisamente lieto. Come amava dire Carlo Azeglio Ciampi con un pizzico di retorica, «sta in noi». Di certo, il tempo che trascorre non ci aiuta. Ma il futuro non contiene solo minacce, anche promesse, se le si sa cogliere.

Finito di stampare nel mese di gennaio 2020
presso Tipografia Casma, Bologna

Stampato su carta Arcoprint Milk di Fedrigoni S.p.A.,
prodotta nel pieno rispetto del patrimonio boschivo

contemporanea

ultimi volumi pubblicati:

246. Paola Bonora, *Fermiamo il consumo di suolo. Il territorio tra speculazione, incuria e degrado*
247. Paolo Mancini, *Il post partito. La fine delle grandi narrazioni*
248. Ignazio Visco, *Perché i tempi stanno cambiando*
249. Massimo Livi Bacci, *Il pianeta stretto*
250. Sandro Trento e Flavia Faggioni, *Imprenditori cercasi. Innovare per riprendere a crescere*
251. Antonio La Spina, *Il mondo di mezzo. Mafie e antimafie*
252. Gastone Breccia, *Guerra all'ISIS. Diario dal fronte curdo*
253. Gian Enrico Rusconi, *Egemonia variabile. La Germania e la sindrome Bismarck*
254. Gilberto Corbellini e Chiara Lalli, *Cavie? Sperimentazione e diritti animali*
255. Franco Garelli, *Piccoli atei crescono. Davvero una generazione senza Dio?*
256. Joseph S. Nye jr., *Fine del secolo americano?*
257. Giuseppe Berta, *Che fine ha fatto il capitalismo italiano?*
258. Chiara Saraceno, *Mamme e papà. Gli esami non finiscono mai*
259. Alberto Orioli, *Gli oracoli della moneta. L'arte della parola nel linguaggio dei banchieri centrali*
260. Maria Rosaria Ferrarese, *Promesse mancate. Dove ci ha portato il capitalismo finanziario.*
261. Tiziana Iaquinta e Anna Salvo, *Generazione TVB. Gli adolescenti digitali, l'amore e il sesso*
262. Enrico Letta, *Contro venti e maree. Idee sull'Europa e sull'Italia*
263. Marina Calculli e Francesco Strazzari, *Terrore sovrano. Stato e jihad nell'era postliberale*

264. Lorenzo Bini Smaghi, *La tentazione di andarsene. Fuori dall'Europa c'è un futuro per l'Italia?*
265. *Ricchi per caso. La parabola dello sviluppo economico italiano*, a cura di Paolo Di Martino e Michelangelo Vasta
266. Piergiorgio Corbetta, *M5s. Come cambia il partito di Grillo*
267. Fabio Mini, *Che guerra sarà*
268. Cass R. Sunstein, *#republic. La democrazia nell'epoca dei social media*
269. Vittorio Emanuele Parsi, *Titanic. Il naufragio dell'ordine liberale*
270. Marzio Barbagli, *Alla fine della vita. Morire in Italia e in altri paesi occidentali*
271. Marco Guidi, *Atatürk addio. Come Erdoğan ha cambiato la Turchia*
272. Enrico Pugliese, *Quelli che se ne vanno. La nuova emigrazione italiana*
273. Giacomo Stella e Marina Zoppello, *Nessuno è somaro. Storie di scolari, genitori e insegnanti*
274. Manlio Graziano, *L'Isola al centro del mondo. Una geopolitica degli Stati Uniti*
275. Paul De Grauwe, *I limiti del mercato. Da che parte oscilla il pendolo dell'economia?*
276. Gianluca Passarelli e Dario Tuorto, *La Lega di Salvini. Estrema destra di governo*
277. Ignazio Visco, *Anni difficili. Dalla crisi finanziaria alle nuove sfide per l'economia*
278. Enrico Letta, *Ho imparato. In viaggio con i giovani sognando un'Italia mondiale*
279. Sabino Cassese, *La svolta. Dialoghi sulla politica che cambia*
280. Pier Carlo Padoan, *Il sentiero stretto... e oltre. Conversazione con Dino Pesole*
281. Antonio Massarutto, *Un mondo senza rifiuti? Viaggio nell'economia circolare*
282. Yves Mény, *Popolo ma non troppo. Il malinteso democratico*
283. Emanuele Felice, *Il Sud, l'Italia, l'Europa*
284. Lorenzo Forni, *Nessun pasto è gratis. Perché politici ed economisti non vanno d'accordo*
285. Chiara Giaccardi e Mauro Magatti, *La scommessa cattolica*
286. Maurizio Ambrosini, *Famiglie nonostante. Come gli affetti sfidano i confini*
287. Ferruccio De Bortoli e Salvatore Rossi, *La ragione e il buonsenso. Conversazione patriottica sull'Italia*